いい人生を
引き寄せる方法

女性が幸せに
なるための

セルフ・スピリチュアルケア

Tamaoki Myoyu 玉置妙憂

JN059297

PHP

女性が幸せになるためのセルフ・スピリチュアルケア

はじめに

女性はみなスピリチュアルな悩みを抱えている――

はじめまして。玉置妙憂《たまおきみょうゆう》と申します。

私は尼僧であり、現役の看護師でもあり、2人の息子の母でもあります。

また、救いを求める方々に寄り添い、死と向き合うお手伝いもしています。

仕事柄、いろいろな方の悩みの相談にのっていますが、悩みの多くは解決に時間がかかり、答えが出ないものばかりです。

人は悩むもの。私たちは死ぬまで悩み続けていくのだなあ、と思います。

答えが出ない悩みのことを医療看護的には、「スピリチュアル」な悩みとします。

「スピリチュアル」については、のちほど説明させていただきますが、とくに女性は、答えがない悩みに翻弄《ほんろう》されがちです。

この本では、そうした「スピリチュアル」な悩みに向き合っていきたいと思います。


かく言う私も、答えがない悩みにふり回される人生を送ってきました。

頭を丸めたこんな姿ですから、さぞかし悟り切った、立派な人間を想像されるかもしれませんが、私の半生をふり返ると、煩悩《ぼんのう》だらけ。

とてもじゃありませんが、悟りとはほど遠い人生を送ってきたのです。

そもそも私はお寺とは何の縁もゆかりもない、ごくふつうの家庭に生まれました。父は大工、母は専業主婦です。

大学を卒業して法律事務所に就職し、その後、結婚して家庭に入ります。

やがて男の子に恵まれますが……。


なんと、この子が重度のアレルギー体質だったのです。

次々と起こるアレルギー症状に翻弄され、この子を無事成人させるには、知識をつけて息子専属の看護師になるしかないと決心したのです。

息子が3歳になったとき、看護学校の試験に無事に受かり、学校に通い始めました。

昼間は息子を保育園に預けて授業を受け、夜は息子が寝たあと看護学校の勉強です。

でも、3年間、一生懸命看護学校に通って、看護師の資格を取るころには、息子のアレルギーも少しずつ対処可能になっていました。

幼い子のアレルギーは、成長とともに改善していくことも多いのですね。

結局、息子専属の看護師は必要なくなりましたが、私は国立病院に就職し、正式に看護師として働くことになりました。

看護師としての仕事にやりがいを感じ始めていたからです。

33歳で私は晴れて看護師としてのキャリアをスタートさせました。

でも、人に優しくて、慈愛に満ちあふれた〝白衣の天使〟のような看護師ではありませんでした。

なぜなら、当時の私はいつも自信がなく、自分を守ることばかりに必死になっていた、自分勝手な人間だったからです。

魂がふれ合う看取りと、その結末

そんな私は、看護師として働きながら、さらに勉強したくて、40歳のときに看護大学の大学院に進学します。

平日は病院で働きながら、土日は大学院に通う日々。

今考えると、その原動力は、私のくだらないプライドとコンプレックスから出ていたのかもしれません。

私は学歴を積んで〝はく〟をつければ人の上に立てる、自分を守れると勘違いしていたのです。

そんな私に再び人生の転機が訪れるのは、50歳のとき。夫ががんになったのがきっかけです。

彼に残された時間はあまりない。看護師をしていれば、夫のがんの状態も何となくわかります。

夫と私の間には燃えるような熱情はありませんでしたが、命と向き合うことで、お互いが「スピリチュアル」な部分で必要とし合う関係になっていったと思います。

夫と私の間には、静かで穏やかな魂《たましい》の時間が流れていました。

がんの手術をして、そこから先、彼の容態は少しずつ悪くなっていき、私たち家族はやがて看取りのときを迎えます。

その過程では、抗がん剤などの医療を拒否する彼と、現役の看護師である私が対立したことは何度もありました。

でも、夫の意志を尊重して、在宅で看取ることになったのです。

夫は、私たち家族に見事な死にざまを見せてくれました。

私と子どもたちが見守る中で、木が枯れていくように、自然に息を引き取りました。

たくさんの人の死に直面してきた看護師の私にとっても、初めて見る美しい死にざまでした。

彼は私が好き放題、やり散らかしてきた人生を、最後の最後できれいにまとめあげてくれました。

負けず嫌いで、たえず人と争って上をめざしていた私。いつも自分のわがままで周りをふり回してきた私。自分ができないことを、世間や周囲の人のせいにして、怒り狂っていた私。

そんな私の煩悩だらけのとり散らかった人生を、彼は最後に全部まとめて引き受け、「感謝」という言葉でくくり、あの世に持っていってくれたのです。

四十九日に、彼の骨をお墓に納めたあと、私は出家を決意します。

「私の俗世での仕事はこれで全部終わった。あとは本来の場所に戻るだけ」

ごく自然にそう思ったのです。

そうする以外に選択肢はなかった。迷いもとまどいも、まったくありませんでした。

私は粛々《しゅくしゅく》と出家の準備を始めました。

そして、子どもたちを母に預けて、修行のために200日間近く、高野山にこもったのです。

人生は何度でもやり直せる

今、私には、もちろん皆無ではありませんが、以前よりは焦《あせ》りもイライラも怒りもありません。

がむしゃらに、上をめざそうという欲望もありませんし、将来、こんな人間になってやるという野望もありません。

たぶん私を使って、宇宙の何か大きなものが動いているのだと思います。

私は、その意思にしたがって行動しているだけ。

こんな私でも変わることができたのです。

あなたが変われないはずがありません。

人生は何度だって再スタートできる。人は変われるのです。

そのためには大切なことがひとつあります。

自分自身の魂の深い部分と向き合うこと。この本では、それを「スピリチュアルケア」と言っています。

自分とも、他人とも、「スピリチュアル」な関わりを持つことで、本当の幸せに気づき、穏やかな世界を得ることができるでしょう。

この本がみなさんのお役に立つようなことがあるなら、こんなにうれしいことはありません。

玉置妙憂

装幀　小口翔平＋加瀬 梓（tobufune）
本文イラスト　井上コトリ
編集協力　辻由美子

女性が幸せになるためのセルフ・スピリチュアルケア　目次

第1章

あなたはそこにいるだけでいい

第4章 悩み別 あなたに贈りたい言葉

第5章

大切な人と長く一緒にいるために

第1章

あなたは そこにいるだけでいい

「スピリチュアルケア」って何？

「スピリチュアルケア」って何でしょう？

あやしげなお祈りや占いではありません。

日本で「スピリチュアル」というと、そういう方面を連想してしまうのですが、そうではないのです。

「スピリチュアルケア」とは人の魂の真髄《しんずい》にふれること。本性である魂と向き合って、関わりを持つことです。

本当に幸せになりたかったら、魂の部分の幸せを無視することはできません。

国際的な組織ＷＨＯ（世界保健機関）でも、人が健康であるためには「スピリチュアル」が大切だと議論されたことがあります。

1998年、WHOの理事会。健康の定義について、3つの要素「身体的、精神的、社会的にすべてが満たされた状態であること」に4つ目の要素として、「スピリチュアル」を加えるべきではないか、と検討されたのです。

結果として、加えるかどうかの採択は見送られましたが、世界的に「スピリチュアル」な部分への関心が当時からすでに高まっていたのは確かです。

でも、難しい！　魂なんて見えないし。

そうなんです。魂はどこにあるかわからないし、ふだんはあまり意識することがありません。

でも、私たちは何となくその存在を知っています。

たとえば、私がかつて勤めていた病院でのこと。医療の世界では有名で優秀な脳外科のお医者さんがいました。彼は、合理的で科学しか信じない人でした。

そんな彼でも難しい手術をする前には、何のためらいもなく、ナースステーションにある神棚に向かってパンパンと柏手を打ち、拝んでいたのです。

医療や科学がどんなに力を尽くしても、届かない領域がある。それが「スピリチュアル」の部分です。

死と向き合ったとき、人を救うのは薬ではありません。魂にふれるケアが人を支えるのです。幸せな人生を送りたいとき、実はこの「スピリチュアル」な部分のケアがとても大切になってきます。

いくらお金がたくさんあって、恵まれた環境で生きていても、魂の部分で癒やされていなければ、幸せとは言えません。

「スピリチュアルケア」こそが、幸せに生きるキーワードになります。

「スピリチュアル」とよく混同されるものに「心」があります。「心」と「スピリチュアル」は、どう違うのでしょうか？

朝起きて、雨降りだったとき、「ああ、今日は憂うつだな」と「悲しい気持ちになる」のは、「心」の状態です。

「心」は、そのときの環境や人間関係、気分によってコロコロ変わります。

でも、「スピリチュアル」は「心」よりもっと深いところにあって、めったに変わることはありません。その人の「価値観」「信仰」「本性」といったイメージですね。

ふだんは意識することはないのですが、私たちの心、身体すべてに大きく影響している部分です。

自分の「スピリチュアル」の状態を意識するのは、何か大きな壁や障害にぶつかったとき。とくに人の生き死にに関わるような事態にせまられたときです。「人はなぜ生まれてきたのだろう」「人生って何なんだろう」「何のために生きているのか」「これからどうなるのだろう」。

答えのない疑問。答えが見つからない不安。考えてもどうにもならないこと。これらが、「スピリチュアル」が抱える痛み、すなわち「スピリチュアルペイン」です。

「スピリチュアルペイン」はもともと答えがないものなので、解決することはできません。

でも、何とか折り合いをつけていけるように工夫することはできます。それが「スピリチュアルケア」です。「スピリチュアル」がケアされてこそ、人は健康でやすらかな幸せを手にすることができるのです。

人はみな「スピリチュアルペイン」を持っている

人生とは、心の奥深くに眠っている「スピリチュアルペイン」と向き合うワークなのかもしれません。

誰かが「スピリチュアルペイン」に苦しんでいたら、私たちにできるのは、ただ黙って寄り添い、黙って聞くことしかありません。

励ましたり、アドバイスしたり、諭したりするのではなく、むしろ何もしないほうがいいのです。

黙って寄り添い、黙って受け入れることで、痛みそのものは解決できなくても、折り合いをつける道をその人自身が見出《みいだ》していく……。

「自分自身で見つける」というところがポイントです。

私にも、こんな経験があります。

まだ看護学校の学生で、看護師になる勉強をしていた30歳ごろの話です。ある病院に実習に行きました。担当になったのは私と同じくらいの年齢の男性患者さんです。

その方は、肺がんの手術を受けたばかりでした。

私はその男性を車椅子に乗せて、あちこち散歩に行きました。その間、私はひたすらその方の話に耳を傾けていました。

ただただ、一緒にいて話を聞いただけ。

本当は患者さんの身体をふいてあげたり、肩もみをしたり、足浴をしてあげたり、物理的なケアをしないと、実習の評価点にはならないのです。

実際、私は教官たちからさんざんな評価をもらいました。


そうこうしているうちに、いよいよ私の実習が終わる日がきました。すると、私宛てに大きな胡蝶蘭《こちょうらん》が届いたのです。

それはそれは大きく、今まで見たこともないような、立派な胡蝶蘭でした。

贈り主は、その患者さん。

私にお礼の蘭をくださったということは、ただ一緒にいて話を聞いていただけの看護学生を、よしとしてくださったということでしょうか。

実習としていい点がつくことと、患者さんにとっていいということには、ギャップがあったわけです。

「スピリチュアルケア」は、特別に何かをすることではありません。

痛みを抱えている人が、自分で答えを見つけ、自分で折り合いのつく道を進んでいく。

そのプロセスを妨げないよう寄り添って、そっと背中を支えることなのです。

では、自分で自分の「スピリチュアル」をケアするにはどうしたらいいのでしょうか。

基本は他人をケアするときと同じです。

自分の「スピリチュアルペイン」に寄り添えばいい。つまり、否定せずに、丸ごと認めればいいのです。

人生には、悲しみや、不安や、嫉妬《しっと》や、怒りや、あきらめがつきまといます。

生きている限り、人はみな「スピリチュアルペイン」を持っている。

それを認めてあげればいいのです。

無理やり心の奥底にねじ込んで、「いいえ、私、全然そんなことは思っていないですよ」と素知らぬ顔をしなくてもいい。

「こんなはずじゃなかった」と否定すると苦しくなります。

よい、悪いのジャッジはしない。

ただ「そうである私」をそのまま見つめること。

「これも含めてすべて私なのだ」と自分のことを認めてあげると、少し心が軽くなります。

女の幸せは一本道ではない。いくつになっても人生は変えられる

私の母は絵に描いたような良妻賢母でした。

食事やおやつもすべて手づくり。小学生時代、私が着る服は、すべて母のお手製だったのです。

今でも覚えているのは、小学校2年生のとき。弟とお友だちの家に遊びに行ったら、その家でインスタントラーメンが出たことがあります。

当時の弟と私は、インスタントラーメンなるものを食べたことがありませんでした。

世の中にこんなに美味《おい》しいものがあるなんて。

感動して、「ママに教えてあげよう」とインスタントラーメンの空袋をもらって、ルンルンで家に帰ったのです。ところが、母が大激怒。

「こんなものを食べるなんて、絶対ダメ！　身体によくないでしょ！」

あまりの怒り方に弟と私はびっくりして、縮みあがるしかありませんでした。

完璧な母親をめざしていたがゆえに、子どもがインスタントラーメンを食べてきたのが、許せなかったのだと思います。

そんな〝専業主婦の鑑《かがみ》〟のような母が、私が高校を卒業して大学に進学すると、突然、人が変わってしまうのです。

以前から、趣味はいろいろ持っていた人でしたが、ある日、急に「ソ連（当時）に行ってくる」と宣言。あっけにとられる私たちを尻目に、大きなトランクを持って、ナホトカに語学留学に行ってしまったのです。

1カ月後、母はトランクいっぱいにキャビアとマトリョーシカを詰めて、意気揚々《ようよう》と戻ってきました。

「ああ、楽しかった。でも、ソ連の食事はキャベツしか出てこないのよ」

さばさばした表情で言ってのける母に、父と弟と私は互いに顔を見合わせるしかありませんでした。

いったい母に何が起きたのでしょう。

たぶん母は家族のためだけに生きる人生に疑問を感じたのではないでしょうか。

「私の人生はいったい何だったのか？」

母の持つ「スピリチュアルペイン」が出てきたのだと思うのです。

結婚して、子どもを産んで、よき母、よき妻として生きる。その一本道に「これでいいの？」と疑問を持ったとき、母は一本道をぶちこわす思い切った行動に出たのではないでしょうか。

その後、母は中国にも留学し、上機嫌で「ニーハオ」と言いながら帰ってきました。

そのたびに残された私たち家族は右往左往《うおうさおう》。でも、こういうときはためらいなく思い切った行動に出たほうが〝勝ち〟ということを、私は母から学びました。

その証拠に、反対すると思われていた父が、母の言いなりになっていたからです。行動すれば、何かが動く。確実に何かが変わります。行動しないで心配するより、まずはやってみること。母の変身を見て、つくづく思います。

だから、私もふつうの一本道は歩きませんでした。法律事務所勤務↓結婚↓専業主婦まではいいとして、その後は看護学校↓看護師＆看護教員↓看護大学院↓

出家、とおおよそ考えられない紆余曲折《うよきょくせつ》の人生を送っています。

女の人生は一本道ではありません。いい伴侶《はんりょ》を見つけて、家庭を築くのが、マストの道でしょうか。

これしかない、この道をはずれたらもうダメ、という生き方は苦しいだけです。もし「違う」と思ったら、いつでも、方向転換してかまわない。遅すぎるなんてことはありません。

ここまで頑張ったんだから、もう少し頑張ろうという考え方もありますが、そこで踏みとどまっても、この先、幸せになれる保証はありません。

お料理を考えてみてください。お砂糖を入れすぎた。じゃあ、おしょうゆを入れて辛くしよう。辛すぎた。今度はケチャップを入れよう。あれ？　甘すぎる？……あれこれしているうちに、とても食べられない味になってしまいます。ならば、「あれ？　失敗したかな」と思った時点で、もうそこにはあまり労力をつぎ込まないことです。

道を進んでいて、「何か違う」と思ったら、方向を変えればいい。難しいことではありません。あなたにその意志があるかどうかだけの問題。やるかやらないか、それだけのシンプルな問題です。

頼まれてもいないのに、我慢する必要はない

今は人生を重ねる中で、「離婚」を選択する方も少なくありません。かく言う私もその選択をしたことがあり、私の知人にも離婚を経験した方がいます。

下の子は父親のことをほとんど覚えていないそうで、子どもたちには申しわけないことをしたと、私に会うたびに彼女は涙をこぼしていました。

そんな彼女も、最近、子どもたちと離婚について話ができるようになったそうです。

彼女が「あなたたちに負担をかけて申しわけなかった」と言うと、子どもたちは「べつに」と答えたそうです。

「仕方なかったんじゃない？」と事もなげに言ってくれるので、もう頭を床にこ

すりつけて、「本当にありがとうございます」と感謝するしかなかった、と彼女はホッとしたように話してくれました。

母親の中には、夫婦関係が破綻《はたん》していても、「子どものために」我慢して、結婚生活を続ける方がいます。

それもその方の生き方で、頑張っていらっしゃるのですから、私ごときがとやかく言う筋合いではありません。

ただ、私の知人の場合、少なくとも子どもに「離婚しないで」と頼まれなかったそうです。

まだ年齢が小さかったから、親に頼めなかったのかもしれませんが、どちらにしろ「頼まれなかった」というのは厳然たる事実です。

それなのに、もし頼まれてもいないのに勝手に我慢して離婚せず、その理由が「あなたがいたから離婚しなかったのよ」ということにでもなれば、子どもにとって大迷惑。「なんで、僕のせいになっているの」という話になってしまいます。

彼女が大変な犠牲を払って離婚し、その後、自分の人生を好きなように生きていられるのは、自分で決めて、その結果に責任を持つという覚悟があったから。

だからこそ、「あなたのためにお母さんは別れないでいたのよ。感謝しなさい」ではなく、「あなたのおかげで、お母さんはこんなに幸せな人生を送れているのよ。ありがとう」と言えるのです。

両者のスタンスは、まったく正反対ですよね。

彼女がもし、人生で何かとんでもない窮地に追い込まれたとしても、子どもには「ありがとう」しかないので、「子どものせいで、こうなった」と思うことは1ミリもないでしょう。

子どもに対しては「ありがとう」以外ないのだと思います。

もっともこれは結果論で、彼女の子どもたちはたまたま曲がることもなく、真っすぐ育ってくれたからよかったようなものの、もし子どもが、離婚したことによって、ひねくれてしまったとしたら……。

それでも彼女が自分の思い通りに生きていれば、何が起きても自分の責任として受け入れ、乗りこえようとするのではないでしょうか。

でも、もしこれが自分を犠牲にして、「子どものために」とさんざん我慢したあげく、子どもがひねくれてしまったら……。

目も当てられないと思いませんか？

やりたいように生きて、子育てもうまくいくのがいちばんの理想。それができないときは、次の理想。やりたいように生きたけれど、子育てはうまくいかなかったというもの。これは母親にパワーがあるので、うまくいかない事態が起きても何らかの打つ手があるように思います。

最悪なのは、自分を犠牲にして我慢したけれど、子どももひねくれてしまったというもの。

いったい自分の人生は何だったのか、と自分をうらみ、子どもをうらみ、世間をうらみ、失った時間をうらむ。もう救いがないと思いませんか？

どんな結果になろうとも、それを受け入れて「ありがとう」と言えるか、「あなたのためにやったのに」と誰かをうらみ、非難するか。

あなたなら、どちらを選びたいですか？

私なら、迷わず「ありがとう」のほうを選びます。

「役割」と「本来の自分」はわけていい

大人になるとは、いろいろな役割を引き受けることではないか、と思います。働いていれば、「看護師さん」「営業担当者」「○○会社の社員」「部長」など、それぞれの役割があるでしょう。結婚すれば、「妻」とか「母親」とか「嫁」といった役割もあります。

その役割を果たすのが、「大人」だと思います。でも、役割にとらわれすぎると、本来の自分を見失ってしまうので注意してくださいね。

先日、あるお母さんから子育てについての相談を受けました。お話ししている最中、一緒に来ていた3歳のお子さんが靴のまま椅子にあがって、お母さんの髪の毛をむんずとつかんで、ぎゅう〜っと引っ張り始めたのです。

お母さんは「痛《いた》、たたたた」と言いながら、笑顔で「〇〇ちゃん、ダメよ」と子どもを制止します。

でも、お子さんは、お母さんが自分をかまってくれないことに不満だったのでしょう。引っ張る手をいっこうにゆるめません。

お話は一時、中断となりました。

その様子を拝見していて「あらまあ」と思ったのは、お母さんが終始笑顔で、優しい口調のままお子さんに接していたこと。

「そうなんです。私は叱らない子育てを実践しているので。でも、なかなかうまくいかなくて」とお母さん。

その間も、お子さんはお母さんの髪の毛をぎゅうぎゅう引っ張り続けていたのです。

私は子育ての専門家ではありませんので、感覚で申しますが、「痛い」ときに「痛い」と言いながら笑顔でいるのを見ると、何かモヤモヤとしたものを感じてしまうのです。

それはなぜなのでしょうか。

私たちはしょせん〝生き物〟です。〝生き物〟にとって、「痛い」とは生命の存続を脅《おびや》かす〝危険〟の合図ですから、「痛い」と言うときの表情が〝笑顔〟であるわけがありません。

もともと人と人との関わりは、ともにこの命を続けることをめざす、泥臭いもののなのではないでしょうか。

ときに感情をむき出しにしてぶつかり合う場面があるのが、ふつうのことのような気がします。

それなのに、「叱らない子育て＝感情をおさえるべき」と頑張ってしまうと、不自然な状況が発生してしまうわけです。

もちろん、私がお会いしたそのお母さんには、「母親」としての役割が求められています。

声を荒らげることなしに、いつも冷静で優しく諭すという親のあり方、大人のあり方という理想像もあるでしょう。

でも、それだけがその方のありようではありません。理想の姿ばかり見せることが、お子さんにとっていいこととは思えないのです。

人間とはもっと複雑で、矛盾だらけの存在です。お互いを「不条理な混沌《こんとん》を抱え持った存在」と認め合うことで、人生の機微にも通じた人間関係が築けるのではないでしょうか。

それが「スピリチュアル」な関わり方だと思います。

大切なのは「一人の人間としての自分」と、「求められる役割を遂行《すいこう》する自分」の両方をしっかり持っていること。

要するにバランスですね。

「なんだかうまくいかない」と苦しいのは、そのバランスが崩れて、どちらかに偏りすぎている合図かもしれません。

ときには冷静に、理論的に。

ときには感情を素直にぶつけて「本来の自分」をむき出しにする。

そのバランスが大切なのではないでしょうか。

「べき」にとらわれると、宇宙のメッセージが届かない

がんになった夫を在宅で看取り、四十九日が過ぎたあと、私は出家を決意しました。

突然、何かをひらめいて、思い立ったわけではなく、自然な流れで、「今生《こんじょう》での私の役目は終わった。本来の姿に戻ろう」、そう思って出家を決めたのです。

ただ、そうなるには、伏線がありました。さかのぼること、二十歳のころ。大学生だった私は1年間、中国の大学に留学します。

当時、NHKでシルクロードを紹介する番組が放送されていて、単純な私は神秘的な砂漠の風景にひと目で魅せられてしまいました。

もっともそんな軽い動機で留学を決めたために、行きの船の中で早くもホームシックにかかってしまい、上海《シャンハイ》に到着したとたん、引率の先生に「このまま日本

に帰りたい」とごねてしまうような、自分勝手で根性なしの女子大生だったのですけれど。

中国では、学校の休みを利用しては、あちこち貧乏旅行をして回りました。憧れのシルクロードにも行きました。

熱波のタクラマカン砂漠に立ったときの鮮烈な印象を、私は生涯忘れることができないでしょう。「絶対ここに来たことがある」という強い既視感に見舞われたのです。

タクラマカン砂漠は、想像をはるかに超える、ものすごい場所でした。

至るところで竜巻が起きています。50度近い気温で、息を吸うと、のどに焼けるような痛みを感じるほど。

私が泊まった町には、とりあえず水が引いてありました。その水にタオルを浸し、首に巻いても、3分もすれば完全に乾いてしまう。それほど乾燥しているのです。

でも、そこに立って、熱風に吹かれながら、砂を舞いあげる竜巻を見たときに、「うん、ここに来たのは初めてじゃない。何度もここを歩いている」と強く感じたのです。

前世があるとしたら、私は絶対に中国のお坊さんだったと確信しました。その感覚が、夫の四十九日を終えて納骨したときに、ぶわあ〜っとよみがえってきたのです。何の迷いもためらいもなく、「あ、出家しよう。原点回帰しよう」と思ったのはそのためです。

シルクロードでは、そのあとも不思議なご縁が続きます。

シルクロードを歩けるだけ歩き、西安《シーアン》に戻って、帰りの飛行機のチケットを取ろうとしたのですが、なかなか取れません。

結局、4日間くらい西安で足止めを食らってしまいました。そのとき西安市内をウロウロしていて、偶然、あるお寺を見つけたのです。

中国のお寺は極彩色で、ど派手な建物ばかり。でも、そのお寺だけはシックで落ち着いていて日本のお寺に近い雰囲気でした。中に入ると、なぜかとても居心地がよくて、結局、西安にいた約4日間はほとんどそのお寺で過ごしました。

その後、30年以上たって、高野山《こうやさん》で修行したとき、そのお寺の正体がわかったのです。なんと、そこは空海《くうかい》さんが恵果和尚《けいかおしょう》から密教の教えを授かった、有名な青龍《せいりゅう》寺《じ》だったのです。

なぜ私が出家を決意したのか、なぜ空海さんの高野山だったのか。なぜ西安で青龍寺を見つけたのか。不思議なご縁がつながっているとしか思えません。

これは私の個人的な意見ですが、私たちの人生はつねに何かからのメッセージを受け取っているのではないかと思います。ご縁とはメッセージではないか、と。

そのときに私たちが、「そうじゃなきゃいけない」とか「そうであるべきだ」と何かの理想や規範に合わせて、無理やり自分をねじ曲げようとすると、そのメッセージが受け取れない。

でも、「べき」をなくして自然にまかせていると、偶然のようにご縁がつながっていくのではないでしょうか。

すぐに何かが起きるというわけではなく、私のように何十年もたってから、「あのときのことが、今につながっているのか」とわかることもあります。

メッセージは長い助走をへてやってくる。これは私が体感し、経験していることでもあります。

カチカチ山のたぬきになるな！

昔の私は周りじゅうが敵だらけでした。

人より年を重ねて看護師になった分、年下の同僚や先輩に負けてたまるか、というプライドと意地だけで生きていたようなところがありました。

看護師になってまだキャリアも浅かったころのことです。

入院患者さんのお世話をする病棟には、「ハイケア」という特別なケアを必要とする重篤《じゅうとく》な患者さんもいます。

ハイケアの患者さんをいかにお世話するかが、看護師としての腕の見せどころ。優秀な看護師の評価をもらえるポイントでした。

私は同期の中ではいちばん年上でしたし、それこそ若い看護師なんかに負けていられない。そこそこデキるという自信もありました。ハイケアを受け持つだけの準備も勉強もしているという自信があったのです。

ところが、なぜか師長さんからハイケアをまかせてもらえない……。

「今日の日勤、ハイケアは○○さん」と他の看護師が指名されるたびに、私の嫉妬とイライラが一気に燃えあがったものです。

なぜあんな人が。私のほうがデキるのに。ハイケアをまかされている同僚がねたましくてたまりませんでした。

とうとうある日、耐え切れなくなって、師長さんのところに直談判《じかだんぱん》に乗り込みました。

「なぜ私はハイケアを受け持たせていただけないんですか。私、ちゃんとやれる自信があります！」

すると師長さんは、こう言ったのです。

「ハイケアの患者さんは意識がない方が多くて、ほとんどお話ができないでしょう？　あなたはコミュニケーションがとても上手だから、患者さんとたくさんお話をしてほしいのよ」

今だったら「なるほどな」と納得できたでしょう。師長さんは〝適材適所〟で考えてくださっていたのです。感謝して素直に頑張ればよかった。

でも、当時の私はひねくれていましたから、「私にはハイケアはできないってことなんですね！」とかみついてしまいました。

とにかく、いつもイライラして、攻撃的で、まるで背中に火がついたカチカチ山のたぬきみたいに焦っていた。

もっと勉強して、もっと資格を取って、もっとキャリアをつけて、もっと学歴をつけて……人よりもっと上に行こうとジタバタあがいていたのです。

結局、人と比べるから、苦しくなるのです。〝他者評価〟を基準にしている限り、心のやすらぎはありません。

なぜなら、人の評価は人によって変わるから。人が変われば、評価もコロコロ変わります。そんなものに、いたずらにふり回されていても、自分が満たされることはない。

自分なりのベストを尽くせばいいのです。私は私、人は人。

自分で自分を評価してあげるのがいちばん確かです。

人が私をどう評価するかは、その方の自由。私が私をどう評価するかは私の自由。人に評価されるために、私は生きているのではありません。

そういうことに気づいたのは、出家してからでした。もう少し早く気づいていれば、もっと楽で楽しい人生が送れただろうに。ばかなことをしたものです。

でも、人生に遅すぎることはありません。

間違っていた、と思ったら、そのつど修正すればいいのです。

世の中はみな一人ひとりが唯一無二《ゆいいつむに》の存在です。優劣の差はありません。

自分がしんどいと感じたときは、もしかしたら間違った方向に進んでいるのかもしれません。

そんなときは一度立ち止まって、〝他者評価〟で動いていないか、自分をふり返ってみることをおすすめします。

他人の評価を気にして、やたらと焦りまくり、背中がボウボウと燃えていないか、一度ふり返ってみてください。

【安心立命《あんじんりゅうみょう》】

心を平らにして、どんなときも慌てないこと。ベストを尽くして、あとは天命にまかせる。いかなるときも、周りのものに、心を動かされないこと。

第2章

自分を満たしてから
人を満たそう

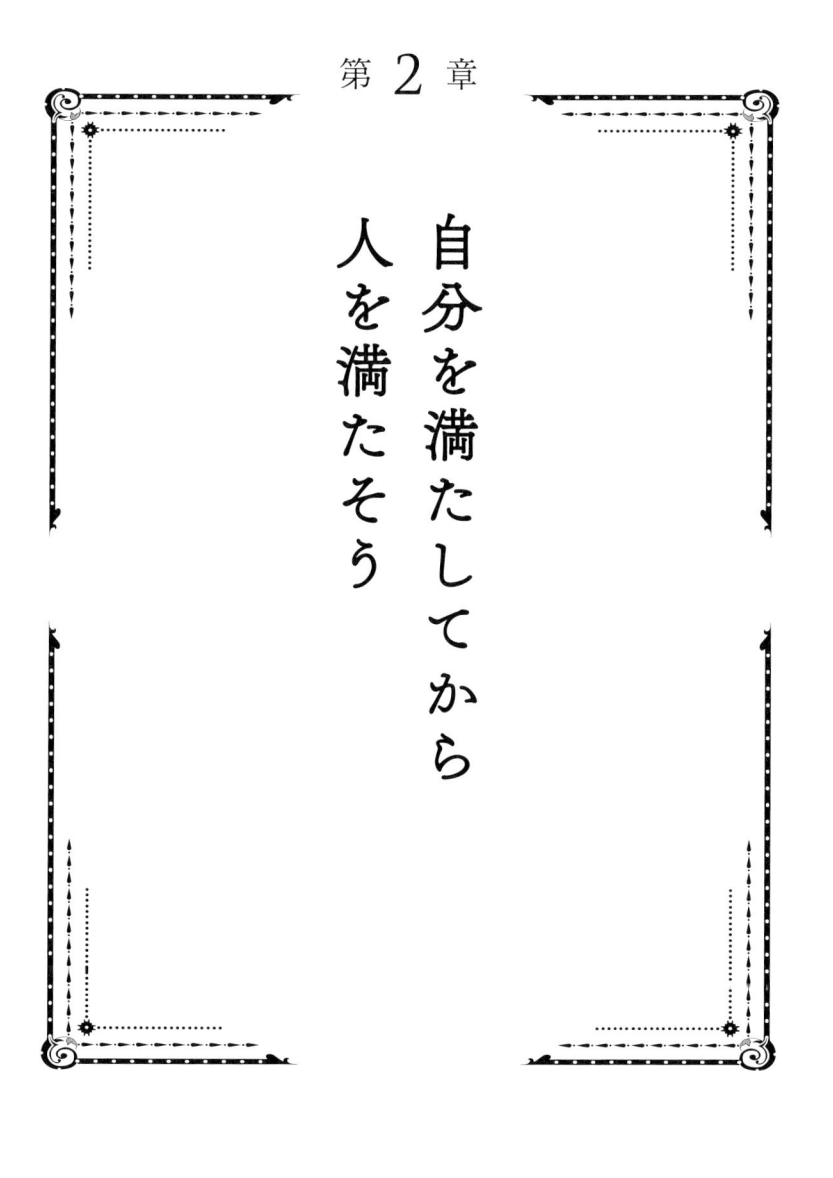

「自利」を満たせば、幸せが2倍になって返ってくる

人のために何か役に立てたとき、とても幸せに感じませんか？

お釈迦《しゃか》さまは、「利他行《りたぎょう》に励みなさい」とおっしゃっています。「利他」とは人のために行動すること。

「この世に命を受けて、生きている限りは、この心と身体を人のために捧げなさい」と仏教の経典には書かれています。

同時にお釈迦さまは、こうもおっしゃっているのです。

「利他」の前にまず「自利《じり》」を満たしなさいと。

「自利」とは、自分を満たすこと。自分が満たされていないと、「利他」は成立しません。要するに、自分をいっぱいに満たしてから、他人にわけ与えなさい、ということです。

たとえば、自分のコップが空っぽだったら、のどが渇いた人に水をわけてあげることができませんよね？　なぜなら、コップは空っぽですから。

では、少しだけ水があるとき。その少ない水を人にわけてあげたとします。たいていの人は「これだけしかないのに仕方がないな」と、恩きせがましく思いませんか？

もし、相手がお礼も言わないで水を飲み干し、そのまま行ってしまったらどうでしょう？

「なけなしの水をあげたのに、なんて奴《やつ》だ。お礼も言わないなんて」と怒りがこみあげてきて、許せないと思うはずです。

でも、自分のコップに水がいっぱいあって、いくらでも人にあげられる状態だったら？　もし、相手が水を飲み干して、お礼も言わずに走り去ったとしても、心はざわつきませんよね？

「おっ、あの人は走れるほど元気になったんだ。よかったなあ」

とうれしさがこみあげてきて、自分自身も幸せに満たされます。

つまり、こういうことです。

相手の人は水を飲んで渇きを癒やして満足だし、自分も「よかったな」と思えるので満足する。

満足が2倍になるので、これを「二利《にり》を回す」というのです。

自分を満たせば、「二利」を回せる。

「二利」がうまく回っていれば、人も自分もみんなが幸せになります。

でも、「自利」を満たさず「利他」を優先すると、「こんなにしてやったのに」「ふざけるな」「もっと感謝しろ」「恩知らずめ」と怒りやうらみが増してきます。

だからまずは「自利」から満たすこと。「自利」を満たして、初めて「利他」を満たすことができる。お釈迦さまはそうおっしゃったのですね。

でも、「利他」の前に「自利」から満たすというと、抵抗がある人が多いのです。

介護の現場でよく体験するのですが、付き添っている身内の方がもう心身ともにボロボロになって、追いつめられていることがあります。

「こちらでヘルパーさんを手配しますので、温泉にでも行って、リフレッシュされたらいかがですか？」と提案しても、そういう方はたいていこうおっしゃいます。

「いえいえ、今、お父さんがあんなに大変なときに、私が温泉なんて行っている場合じゃないんです」と。

自分を満たすことを拒否してしまうのですね。

自分を満たすことに罪悪感を抱いてしまう。

でも、自分がリフレッシュして、心身ともに満たされれば、何倍も周りに優しくなれます。

「利他」のために、自分を満足させるのがどうしていけないのでしょう？

堂々と自分を満たせばいい。

不幸な人に、他人を幸せにすることはできません。

あなたが幸せになるために、私が幸せになる。

そうすれば幸せの〝総量〟が2倍になるのですから、堂々と、まずは自分のコップを満たしましょう。

〝よかった貯金〟30種類のすすめ

では、どうすれば自分を満たすことができるのでしょうか？

その前に、「自分が満たされる」とはどういう状態かを考えてみましょう。

相手に何かをしてあげたとき、「これだけしてやったんだから、感謝されて当然」と思うのは、まだ自分が満たされていない証拠です。

見返りを必要とするうちは、まだ「自利」が満たされていないのです。

本当に満たされている状態とは何か。子育てを例にとってみます。

わが子の世話を一生懸命したのに、子どもが思春期になって、「うるせぇな、くそばばあ」と言ったとします。

「あれだけしてやったのに、なんで私がこんな言われ方をされなきゃいけないの」と腹を立てたとしたら、「自利」は満たされていません。

でも、「ケツが青かったくせに、いっちょ前の口をきいて。大きくなったもんだ」といとおしく思えたら、その人の「自利」は満たされているのです。

怒りやうらみがこみあげるのか、うれしさがこみあげるのか。

「自利」が満たされているかどうかは、そのときわきあがる自分の感情で判断できるのです。

「自利」を満たすのは、自分にしかできません。

他人に満たしてもらうのは、本当の「自利」ではありません。彼氏や夫に満たしてもらうのを期待するのはやめましょう。

なぜなら、他人頼みの満足は、「～してくれない」「私はこんなにしてやったのに」という不満やうらみにつながってしまいますから。

だから、「自利」は自分で満たすしかないのです。

どうやって満たすのかというと、日常生活の中で、自分が「よかった」「うれしい」と思えるものをたくさん貯《た》めていくことです。

その方法は30種類くらいは持っておいてほしいです。かつ、その30種類にはいろいろなレベルがあるといいと思います。

たとえば、「ハワイに行く!」が私の〝よかった貯金〟がたくさん貯まるひとつの方法だとします。

でも、今はお金もないし、暇もない。

それなら、「スパリゾートハワイアンズ」に行って、2泊3日で楽しんでくるという手もあります。

それもできないくらい、お金も時間もなかったら? 近くのスーパー銭湯で一日ゆっくりするだけでもいい。

それさえできなくても、家のお風呂に、いつも使っているものより高級な入浴剤を入れて楽しめば、〝よかった貯金〟が少しできます。

こんなふうに、物理的に無理な状態でも手が出せる〝よかった貯金〟の方法も含め、30種類くらい用意しておくのです。

そのさい、注意点が2つあります。

ひとつめは、自分の中に「ああ、よかった」が貯まったことをしっかり意識すること。

スーパー銭湯に行っても、「当たり前よね。私はふだん一生懸命やっているんだから」と思うと、「よかった」は貯まりません。

でも、「ああ、よかった。気持ちよかった。家でだんなさんが子どもの面倒をみてくれているおかげだ。お利口にしてくれている子どもたちのおかげだ。ありがたや、ありがたや」と強く思い込むと、「よかった」がしっかり貯まっていきます。


もうひとつの注意点は、自分だけでできるものにすること。

たとえば、「夫に肩をもんでもらう」とか「○○ちゃんとランチに行く」など誰かと行なうものにすると、相手がそれをしてくれないとき不愉快になる原因をつくってしまいます。

あくまで、自分だけで完結できる「よかった」を30種類。

「よかった」を日常生活で意識しておけば、自分のコップが満たされていく感覚が味わえるでしょう。

決めたことはすべて正解にしよう！

人生では、なかなか決断できない選択をせまられることがあります。

「Aにしようかな、やっぱりBにしようかな。やっぱりAかな、いやBか」

さんざん迷ったあげく、Bを選択したとします。

もうBを選んでしまったのなら、それがベストチョイスだったと思うしかありません。

「やっぱりAにしておけばよかった」と言い出すのは、ナンセンス以外の何ものでもないのです。

選ぶ前に迷うのはかまいません。

でも、いったん決めたのなら、それを選んだことで先にどんな結果が待っていても、ベストチョイスだと思いましょう。なぜなら、もう過去には戻れないのですから。

選んだ道はすべて正解。それが幸せに生きるコツです。

私はいろいろな女性から離婚相談を受けることがあります。「稼《かせ》ぎの悪いだんなで、おまけに浮気ばかり。あんな男と結婚するんじゃなかった。離婚したい」とおっしゃるので、「それなら、離婚なさればいいじゃないですか」とお答えすると、離婚できない理由を次々とあげられます。「まだ家のローンが残っているんです」「子どもがまだ小さいし」「親戚の目があって」「母子家庭になったらどうやって生活すればいいのか」など……。

要するに、離婚しない自分を正当化しようとなさるのですね。

でしたら、「離婚したい」などと言わないことです。

覚悟が足りません。

この場合は、離婚するのか、しないのか、選択肢は2つしかありません。

離婚しないのだったら、「離婚しない」という方向性でこれからのことを考えればいいのです。

結婚生活を続けるにはどうしたらいいのか？　自分に改めるべきところはないのか？　関係を立て直すにはどうすればいいのか？

問題点を整理して、結婚の継続に向けて努力する。

離婚しないのであれば、そうしたもろもろのことから逃げ出さない。

たとえ茨《いばら》の道でも、「離婚しない道」を突き進むしかありません。

一方、「離婚する」ということなら、離婚に向けて粛々と準備をする。

私は離婚を経験しているので、あえて「別れるのって、全然簡単ですよ」と言い切ってしまいますが、どうするのか最終的に決めるのはあなたです。

間違っても、「誰々に言われたから」「子どもがかわいそうだから」と、人のせいにしてはいけません。

たとえ「経験豊かなあの人から強く離婚をすすめられたので、離婚を決心しました」という経緯があったとしても、その意見を採用したのはあなた。

言葉は悪いですが、「自分のケツは自分が持つ」ということです。

もちろん選択してしまってから、「もしかして間違った？」という不安がよぎることもあります。

でも、時は元に戻せないので、そういうときは、「でも、これがベストチョイス」と思うこと。

自分が決めたことはすべて正解。

たとえ間違っていたことに気づいても、間違ったことを学べたのだから、やはり正解。

そう思えれば、次の選択にも自信が持てます。

すべてはあなたが望んだこと

私が子育て真っ盛りだったころ――。

育児と仕事の両立でヘトヘトの毎日を送っていました。

病棟で入院患者さんのお世話をする看護師でしたから、日勤のときは保育園のお世話になり、夜勤のときは実家に子どもを預けて、何とかやりくりしていました。

そのころ、親からよく言われていたことがありました。

「母親がそばにいてあげないと、子どもがまともに育たないわよ」

その言葉が本当につらかった。

世の中的にも、未成年者の犯罪事件などがあると「母親が働いていて、小さいころから鍵《かぎ》っ子だったから」と、母親が働いていたことが犯罪に至った原因であるような解釈をされていた時代でした。

時間を気にすることなく、思う存分仕事に没頭して、キャリアアップしたいという願望と、少しでも長く子どもと一緒にいたいという思いの間で四苦八苦していました。

そんな私も50代半ば。人生の大波小波の嵐が去って、凪《なぎ》をゆったり眺める立場になりました。

渦中にいるときは、何がなんだかわからなかった私にも、ここまで来ると見えてくるものがあります。

たとえば子育てと仕事。ぜひ、両立してください。ただし、あなたがやりたいと思うのであれば、です。

どんなことでもそうなのですが、重要なのは自分が望んでいるのかどうか。

すべての原動力はそこにあります。

どうやら私たちは、自分が望まないことはうまくできないようにつくられているらしいのです。

逆に言えば、望んでいることなら必ずうまくいきます。

「あーあ。私、本当は子育てに専念したいんです。でも、だんなの稼ぎが悪いから、働かなくちゃならなくて。育児と仕事の両立なんて望んでいません」

という人がいたとします。でも、その〝稼ぎが悪いだんなさん〟との結婚を選んだのは、その人自身です。

望むことをひとつ手に入れようと思ったら、ただではすまないものです。

美味しいカレーを食べたかったら、ジャガイモの皮をむいたり、タマネギを刻まなければならないでしょう?

それを〝不満〟にするか。〝うきうきわくわく〟にするかは、あなたの考え方次第。

子育てをしながら仕事もしたい。

だんなのせいで仕事をしなくてはいけない(でも、そのだんなとの結婚を望んだのは自分)。

どちらにせよ、やりたいことをしているのだから、文句は言いっこなし。

「私だって仕事をしているのよ。これくらい手伝ってよ!」とか「時間がないんだから、早くしなさい！」と、言いたくなる気持ちもわかりますが、それを言っても誰も幸せになりません。

どうしてもうまくいかないことが出てきてしまったら、人に文句を言うのではなく、自分の手駒《てごま》を整理するのです。

たとえば、手を抜けるところは上手に手を抜くとか、明日できることは明日に回すとか。

自分以外の人は決してコントロールできないのだから、自分がやるしかないと胸に刻んでおきましょう。

そして、そもそもの出発点を思い出してみるのです。

これは私が望んだことを手に入れるため。

そう思ったら、ジャガイモが芽だらけでむきにくくても、タマネギがいくら目にしみても、美味しいカレーのためならなんのその。

勇気100倍で取り組めるのではないでしょうか。

余裕があるほうが相手の世界に入ろう

どんなに人とわかり合おうとしても、人とわかり合えることはありません。

なぜなら、人はみな、それぞれがつくり出す仮想現実の中で生きているから。

たとえば、いつも行く何の変哲もないカフェ。

でも、大好きな彼氏と行ったら、そこはパラダイスになりますよね？

同じカフェなのに、まったく違う場所になる。それは、とらえるあなたの心のありようが変わったからです。

みんな自分で世界をつくり出し、つくり出した仮想の世界で生きています。

だから、自分と違う認識の人に出会って、「おかしいよ、それ。どうしてそんな考え方をするの？」と自分の世界を否定されたら、誰だって、びっくりします。

「いや、違うだろ。こうだろう」と、お互いに自分の世界を正当化しようとするので、ケンカになって、どこまで行っても平行線をたどるのです。

人とわかり合えないこと。

それも「スピリチュアルペイン」になります。

では、どうしたらいいのかというと、「相手にはどう見えているんだろう？」と想像することです。

「自分はこう見て、こう考えて、こうしようと思っているけれど、相手の人からはいったいこの世の中はどう見えているのだろう？」と想像するのです。

そのとき注意したいのは、相手との力関係です。

たとえば先生と生徒、親と子、上司と部下、健康な人と病気の人、タフな人と傷ついている人……など歴然とした力の差がある場合。

「自分のほうが力が強いのでは」と思う人が、相手の世界に入らないといけません。

力が弱いほうは余裕がなく、いっぱいいっぱいであることがわりと多いもの。

余裕がありそうなほうが、「いったい相手から見たら、この世界ってどんなふうに見えているんだろう？」「傷ついている人から見たら、この状態って、どうなんだろう？」などと考えながら、行動したらいいと思います。

でも、相手の世界に入るって難しそう……。

だからまずは相手が世界をどう見ているのか、徹底的に聞いていくことです。

「どう見えているの？」

「どう感じているの？」

「どう思っているの？」

聞いて、聞いて、聞いて、自分とすり合わせて、想像する。

そうすれば、たとえ相手の世界が最終的にはわからなくても、共感することはあるはずです。

患者さんや、そのご家族に「どうしてもらえることがよかったですか？」というアンケートをとってみると、そのことがとてもよくわかります。

悲しみや苦しみを「わかった」と言ってくれたことにホッとするのではありません。

「わかろうとしてくれたこと」にありがたさを感じているのです。

つらい人に、「そのつらさ、わかります」と安易に言ってみたところで、「わかるもんか」と反発されるのがオチです。

わかろうとして、ほんの１ミリずつでもにじり寄っていく。

その努力をするプロセスが、相手の共感を呼びます。

人と人は絶対わかり合えない。

わからないけれど、わかり合おうと努力することが、人と人との距離を近づけるのです。

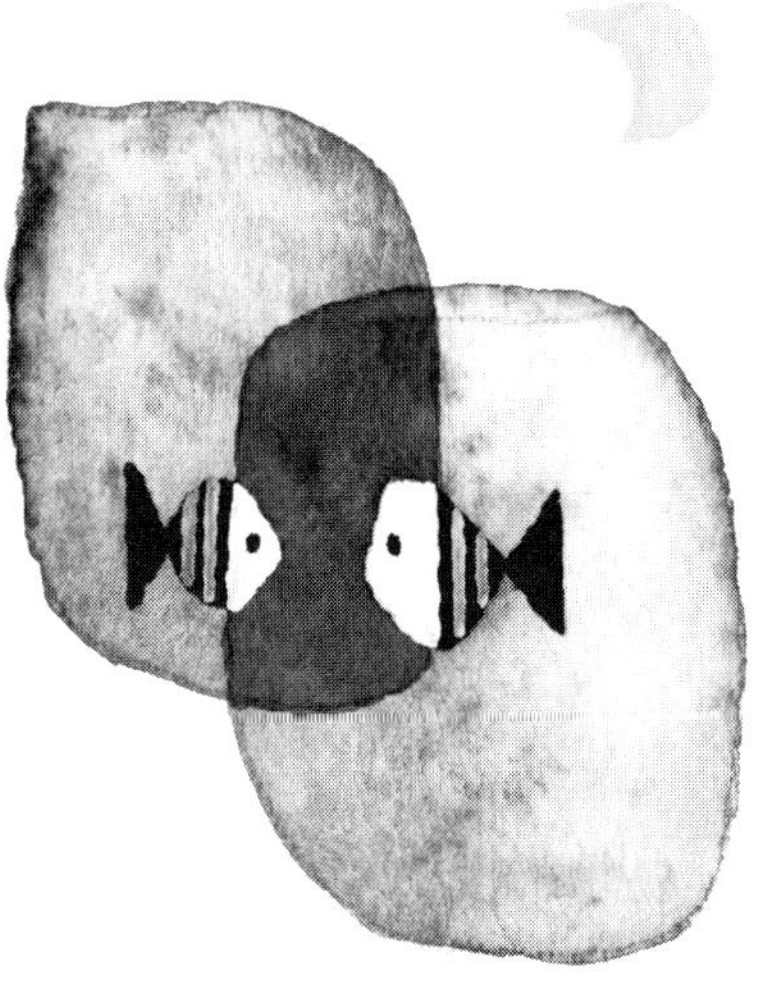

よい言霊の力を借りよう

子どもがまだ2、3歳のころでした。

公園に連れて行き、手を離すと、バーッと走り出します。思わず大声で「走ったら転ぶよー！」と叫ぶと、本当に転ぶのです。

「転ぶ」という呪詛《じゅそ》をかけているから、本当に転ぶ。

親は心配だからそう言うのですが、これは「言霊《ことだま》」の「呪い」以外の何ものでもありません。言葉に力があるのは、本当です。

「失敗するかも」と言ったら、本当に「失敗」する。それは、そういう呪詛をかけているから。自分が発する言葉は、よくよく考えたほうがいいのです。

たとえば、人に「あなたのためを思って……」と言うことはありませんか？

「あなたのためを思って言うけれど、その態度は改めたほうがいいわよ」「あなたのためを思ってのアドバイスだけど、彼とは別れたほうがいい」と。

でも、本当に「あなたのため」を思うなら、その人の思い通りにやらせてあげたほうがいい。だって相手はやりたいのだから。

その結果、失敗したり、悲しい目にあったりしたとしても、それは相手が引き受け、学び、成長していくことであって、他人がそのプロセスに介入したり、よけいな口出しをすべきではありません。

せっかくの成長の芽をつんでいることだってあるのです。

それに「あなたのために」という言葉の裏には、「自分のために」が巧妙に隠されています。

「あなたのためにアドバイスする自分は、こんなに偉い。あなたより優れた人間なんだ」「あなたの言動が前々から気にさわっていたので、否定したい」「あなたのためと言いながら、あなたを自分の思い通りにさせたい」というようにです。

要するに自分の中に存在する自己中心的な思い。それを満足させるために、「あなたのために」を利用していることもあるのです。

最近、問題になっているSNSも、その延長だと思います。「世の中の正義を正すために」「悪い人に改めてもらうために」SNSに投稿したり、スーパーのご意見箱に罵詈雑言《ばりぞうごん》を書いて入れてしまう。

その心理を解明していくと、一見、悪を正すために行なった行動でも、実は自分の中に隠れている汚い闇が、糾弾《きゅうだん》しようとしている闇と反応しただけ。そういうことも多いのです。

闇が闇を呼んだのですね。

自分が発する言葉には、自分の「スピリチュアルペイン」が隠れている。

そのことに気づいただけでも、「あなたのために」を利用せずに、自力で気持ちを整えるきっかけがつかめます。

だって闇は自分自身の中にあるのですから、それに気づけば、自分で何とかすることができます。

私はシングルで子どもを育ててきたので、シングルマザーの方から相談を受けることがあります。

よく聞くのは、「うちはお父さんがいなくて、子どもたちには申しわけないことをした」「お金がなくて、習い事もさせてあげられなかった。すまないと思っている」という話。

でも、「してあげられなかった」「申しわけなかった」という言葉の裏には、「でも、あなたは頑張っていますよ」とか「一人で育てて立派ですよ」と慰めてほしい、自分を認めてほしいという気持ちが隠れています。

そのために子どもを利用してはダメ。

「申しわけない」と言っていると、申しわけない子になってしまいます。

「してあげられない」と言っていると、してもらえなかった子に育ってしまいます。

そこに自分の「スピリチュアルペイン」が隠れていると気づいたら、それを逆手に取ればいいのです。

「うちはお父さんがいないけど、お母さんが頑張りまーす！」「お母さんはすごいよ。一人で何役もこなせるんだよー！」というようにです。

誰かに文句を言いたくなったり、SNSに批判を投稿したくなったりしたら、一歩立ち止まって自分の心に聞いてみましょう。

「それって私自身のことじゃない？」

気づくだけで、人を批判する気持ちがやわらぎます。

【善因善果《ぜんいんぜんか》、悪因悪果《あくいんあっか》】

よい行ないをしていれば、いずれよい結果がやってくる。悪い行ないには、必ず悪い結果や報いがあるということ。ものごとは、為《な》したように成る。

第3章

心が晴れるスピリチュアルケア

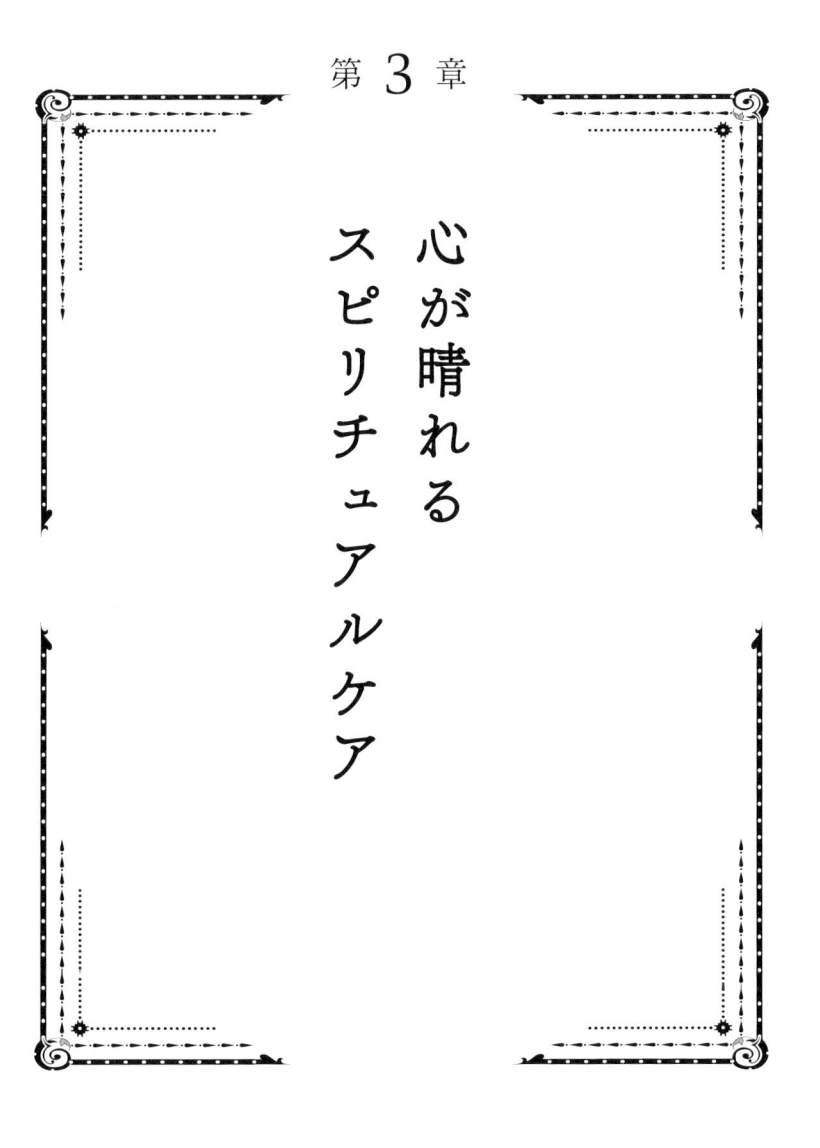

心がザワついたら、「葉っぱの瞑想」をしてみよう

心はいろいろな出来事で傷つきます。

中にはずっと心の中にとどまってこじれてしまい、「スピリチュアルペイン」に移行してしまうものもあります。

あなたがいつもそのことを思い出して、心がザワザワしてしまうのなら、心の傷が魂まで達しないうちに、「葉っぱの瞑想《めいそう》」をすることをおすすめします。

この瞑想が素晴らしいのは、小さな心のザワザワから、魂にふれるくらいの深い「スピリチュアルペイン」まで、幅広く応用がきく点です。

2018年に起きた、タイ北部のタムルアン洞窟にサッカーチームのコーチと少年たちが閉じ込められた遭難事故をご存じですか？

12人の少年たちとコーチの計13人が、真っ暗で狭い洞窟の奥に18日間も閉じ込められました。その後、全員が無事救出されたという奇跡の出来事です。

誰一人欠けることなく、全員が無事生還できた理由のひとつに、彼らが洞窟の中で「瞑想」をしていたことがあげられる、という報道がありました。

真っ暗闇で、狭い空間。食料もない、助けが来るかどうかもわからない。考えただけでもパニックになりそうな状況ですよね。まさに魂と生命が崩壊するギリギリのところだったと思います。

絶体絶命の彼らを救ったのが「瞑想」でした。

「瞑想」は、周囲の状況にまどわされることなく、自分の心を整えて、安定させる方法のことです。

洞窟に閉じ込められたという物理的な環境を変えることはできませんが、それをとらえる心のありようをコントロールすることはできます。

彼らは「瞑想」を使って、心をコントロールし、魂と生命を崩壊させることなく、救出を待つことができたのです。

だとしたら、この「瞑想」を試さない手はありません。

「葉っぱの瞑想」は誰でもできる、簡単な瞑想のやり方です。所要時間は5分ほど。ぜひ試してみてください。

(1) 大きくゆっくり深呼吸しながら、目を閉じます。息は鼻から吸って、口から吐きます。吸う息が1、吐く息が3の割合で。ゆっくり、細く長く吐き出すのがコツです。

座っていても、立っていてもできます。周囲に人がいてもかまいません。身体の力を抜いてリラックスしましょう。

(2) 落ち着いたら、呼吸から意識を離して、さらさら流れる小川をイメージします。しばらくすると、上流から大きな葉っぱが流れてきます。

(3) 流れていく葉っぱの上に、あなたが抱えている「イライラ」「悲しみ」「不安」「怒り」など、消し去りたい〝思い〟をポンとのせましょう。

(4) 葉っぱを見送ります。バイバーイ！

(5) でも、またむくむくと消し去りたい〝思い〟がわきあがります。大丈夫！次の葉っぱが流れてきます。またポーンと葉っぱの上に〝思い〟をのせて、バイバーイ！

(6)　何度かやって気がすんだら、おしまいです。呼吸に意識を戻して、大きくゆっくり深呼吸します。鼻から吸って、口から吐く。吐く息を長く。

(7)　静かに目を開きます。

どうですか？　できそうでしょう？

エクササイズのつもりで、日常生活に取り入れておくと、いざというとき、心を安定させるのに役立ちます。

「葉っぱの瞑想」はいつでも、どこででもできますが、注意点がひとつだけあります。それは瞑想中に人から話しかけられないようにすること。せっかくあなたがつくった〝小川〟がどこかにいってしまいますからね。

家族がいる方は、夫や子どもに宣言しておきましょう。

「お母さんはこれから葉っぱの瞑想をします。5分間だけ、静かにしてね」

たった5分でも、自分に返る時間が持てれば、心の安定につながります。

それだけでなく、周囲の人や家族にも心の安定をもたらすのです。

思考のループを止める「歩き瞑想」

「葉っぱの瞑想」は、いつでも、どこででもできる瞑想なので、どなたにもおすすめできます。

でも、葉っぱに消し去りたい思いをのせても、際限なくわきあがってきて、ネガティブな思考のループが止まらないことがあります。

ループを止めようという意思はあっても、それだけでは無理。そういうときは、身体を使って止める、もっと強力な方法があります。

それが「歩き瞑想」です。

私たちの脳は、ひとつのことにしか集中できないようにつくられているのだそうです。

だから、歩き方に注意を向けて、ほかのことが考えられないようにすると、ネガティブな思考のループを切断できます。

歩くとき、あなたはどうやって足を動かしていますか？

思い出してみてください。

足にまったく意識を向けることなく、目的地まで歩けますよね。

つまり、ふだんは無意識に動かしている足にあえて注意を向けて、ほかのことが考えられないようにするのです。

具体的にどうするのかというと、1歩目、2歩目はふつうに歩いて、3歩目を大きい歩幅にします。

歩きながら、「イチ、ニ、サーン！」で大きい歩幅にするわけです。

「必ず、3の倍数のときには大きい歩幅にする」ことを意識しながら歩いてください。

もう頭の中は、歩数を数え、3の倍数に注意しながら間違えずに歩くようにすることだけでいっぱいいっぱい。

物理的に身体を使うため、ネガティブな思考のループから抜け出せるのです。

以前、お仕事を一緒にした方で、こんな方がいらっしゃいました。憧れている先輩と運よくランチを食べる機会に恵まれたそうです。ここぞとばかり、自分をアピールしようとしたのですが、緊張しすぎて彼の前でコップの水をひっくり返すという大失態をやらかしたというのです。

その後、なぜ、あんな失敗をやらかしたのかと、そのことがくり返し思い出されて、「自分はダメな人間だ」「恥ずかしい」「女性として最低だ」と、叫び出したい気分に襲われてしまったそうです。

電車に乗っていても、食事をしていても、お風呂に入っていても、あのときのあの光景がよみがえってきます。

もうそのことが頭にこびりついて、どうしても離れません。忘れようとすればするほど、鮮明によみがえってくるのです。

そこで、彼女がどうしたのかというと、私が教えた「歩き瞑想」を思い出し、やってみたそうです。

失敗を思い出しそうになるたびに、「イチ、ニ、サーン！」と意識して歩く。

すると、恥ずかしい失敗に固執するネガティブな思考のループをいったんは切断できる。

それをくり返しているうちに、グルグル回る恥ずかしい思いが、少しずつ遠のいていったそうです。

この瞑想は、実際にタイのお坊さんたちの間では頻繁《ひんぱん》に行なわれている方法だそうです。

ぽわーんと嫌な思い出が浮かびあがってきた瞬間に、「いかん、いかん」と歩き出す。

いわば強制終了しているうちに、ループの原因となっていた思考や記憶が薄れていくわけです。

物理的に身体を使う「歩き瞑想」は、それくらい効果があります。ネガティブな思考にとらわれたときは、ぜひ試してみてください。

道具を使って、〝切り換えスイッチ〟をつくる

ネガティブな思考のループを止める方法を、もうひとつお教えしましょう。

職場でいきなり「イチ、ニ、サーン!」の「歩き瞑想」なんてできませんよね。そこで、人に気づかれず、内緒でそっとループが止められる便利な方法の出番です。

それは道具を使う方法です。

ときどき、腕に数珠《じゅず》をはめて、ジャラジャラさせている人を見たことがありませんか?

数珠をはめる理由は人によってさまざまですが、中には思考のくせや感情をコントロールするために使っている人もいるのです。

たとえば、「私って、なんてダメな人間なの」「やっぱり私なんていないほうがいいんだ」などとネガティブな思考のループに入りそうになったとします。

そんなとき、数珠にそっとさわる。

あるいはジャラジャラさせてみる。

そうすれば、心が落ち着くというふうに、自分で決めておくのです。

だから、道具は数珠でなくてもいいです。

指輪でも、自分の耳たぶでも、メガネでも何でもいいです。


要するに、「これをしたら落ち着く」という〝スイッチ〟を決めて、それを身体に覚え込ませていくのです。

訓練ですから、くり返し、くり返し行なって、身体にしみ込ませる。

そうすると〝パブロフの犬〟（犬にベルの音を聞かせてエサを与える訓練をくり返すと、ベルの音を聞いただけで、エサがなくても身体が反応して唾液《だえき》が出る）ではありませんが、数珠をさわっただけで、気持ちが落ち着くようになります。

くり返し行なうためには、いつも自分が持っているものでないといけません。

ですから、つねに身につけている数珠やアクセサリー、身体の一部を〝スイッチ〟にするわけです。

実際、道具をスイッチにする方法は、衝動をおさえ切れずに犯罪行為に走ってしまう人の怒りや衝動をコントロールする「アンガーコントロール」のプログラムとして、活用されているそうです。

3カ月間ほど続けていれば、脳と身体は覚えると言われています。

私は200日間近く（約7カ月間）高野山に入って修行をしたので、チーンと鈴が鳴ったり、お線香の匂いをかいだだけで、背筋がピーンと伸びて、お坊さんの世界に切り換わります。

テレビのチャンネルが切り換わるみたいな感じです。

自分の身体が覚えやすい方法でいいので、あなたがやりやすいものを試してくださいね。

一般的には道具を使う方法がやりやすいのですが、人によっては「ラベンダーの香りをかぐ」とか「6秒かけて深呼吸をする」といった方法がしっくりくるかもしれません。

アスリートがここぞという勝負のときに、不思議なルーティンを行なっているのを見たことがありませんか？

あれも、「こうすればうまくいく」というスイッチを、身体と脳に覚え込ませた結果です。

ほとんどの思考や感情は、それがどんなにネガティブなものであっても、だいたいこの方法でコントロールできます。

人間関係で傷つく前に、こっそり「3つの箱」作戦

人間関係の悩みは、どこにいってもつきないものです。

身近なところでは、職場、ご近所、ママ友など。人によっては嫁姑《よめしゅうとめ》、親戚づきあいの悩みもあるかもしれませんね。

最近ではSNSでの人間関係もあります。心ない言葉を浴びせられて、命を断ってしまう痛ましい事件も起きています。

当事者にとっては、たかがうわさ話と軽く流せるものではありません。人間関係は心の奥深く、「スピリチュアル」な部分にまで介入してくる重要な問題です。

なぜ、人間同士の関係で、これほどまでに傷ついてしまうのでしょうか。それは、人間が集まって生きる動物だからです。

集団の中で、よく思われたい。助け合いたい。仲間と仲良くしたい。これらすべては、人間が生まれながら持っている、「スピリチュアル」な欲求です。

でも、みんながみんな、仲良くできるわけではありません。

だって、人はみなそれぞれの利害、役割、立場があって、対立することだってあるのですから。

みんなから好かれるなんてあり得ない。その前提のもと、魂まで深く傷つかないよう、ほどよい距離でおつきあいすることが大切なのです。

では、具体的にどうすればいいのでしょう？

そのための方法として、こっそり「3つの箱」作戦を紹介します。

最初にお断りしておきますが、これは自分の心の片付け方であって、得た結果をどこぞで発表したり、人に話したりするものではありません。その点はしかと胸に刻んでおいてくださいね。

まず、心の中に3つの箱を用意してください。

1つ目の箱は、「とても大事な人」を入れる場所。

ここには、お互いにとても影響し合い、命を投げ出してもいいくらいの関係が築けている、大切な人が入ります。

その人からあなたは影響を受けているので、相手の一挙手一投足によって感情も大きく揺れ動きます。

2つ目の箱は、「人畜無害《じんちくむがい》な人」を入れる場所。

この箱には一定の距離を保って、仲良くつきあう人が入ります。決して交わることのない軌道にある惑星同士のような間柄の人が該当します。

たとえその人が何かをしたり、言ったりしても、あなたは大きな影響を受けません。感情の揺れは、ほんのさざ波程度です。

3つ目の箱には、「大嫌いな人」を入れます。

ここには苦手な人、関わりたくない人が入ります。その人が視界に入っただけで、あなたの感情は嵐のように揺れ動きます。負の影響が最大です。

この箱には鍵をかけて、さらに物理的に距離をとるのが得策です。

この3つの箱に、あなたの周りの人をこっそり振り分けてしまうのです。

ほとんどの人が2つ目の箱に入るはずです。

何か嫌なことがあっても、「この人は２つ目の箱の人なんだ」と思えば、いたずらに思い悩む必要もありません。

ここで忘れてはいけないのは、相手もあなたを振り分けているということ。そして、お互いの判断結果は異なるということです。

たとえばある人のことを、あなたは１つ目の「とても大事な人」の箱に入れているとします。当然のことながら、自分も相手の「とても大事な人」の箱に入れてもらえると無意識のうちに期待します。

でも、相手はあなたを２つ目の「人畜無害な人」の箱に入れていた。そのギャップを感じたとき、あなたの感情が大きく波立つのです。その逆もしかりです。

人間関係の悩みはおしなべて、相手を「思い通りにしたい」、でも「思い通りにできない」ことが原因です。

あなたが相手をどの箱に入れるのかはあなたの自由。相手があなたをどの箱に入れるのかは相手の自由。そう割り切るのが「スピリチュアルケア」です。

人の箱の中にまで手を突っ込んで変えようとするから苦しいのだと、自分自身に言い聞かせておきましょう。

煮つまったら、「フレーム」を変えてみる

他人に対して「あ～、もうっ！」とイライラしてしまうことがありませんか？

人が「自分の思い通りにならない」ことほど、イライラすることはありません。

でも、それが高じると、自分でもびっくりするようなひどい言葉を投げつけたり、思いがけない仕打ちに出たりすることがあります。

ときには相手の人格や魂まで傷つけてしまい、あとで深く自己嫌悪に陥ることもあります。

ちまたにあふれるパワハラやモラハラも、元はと言えば相手が「自分の思い通りにならない」ことが、発端なのではないでしょうか。

自分の思い通りの「思い」をつくっているのは、価値観です。それは自分が経

験し、学びながらつくった「フレーム」です。

私たちは、それぞれがつくりあげた自分のフレーム（価値観）を通して、この世の中を見ているのです。

ですから、他人がそのフレームからはずれるとイライラします。

かつて、こんなことがありました。

まだ私が子どもと一緒にお風呂に入っていたころの出来事です。

「ドボン」と入浴剤を入れると、毎回、子どもが湯の中から出して、浴槽のふちにのせてしまうのです。

ある日のこと、取り出された入浴剤が浴槽のふちでシュワシュワと泡を立てていました。私はカチンときました。

「ねえ、なんで外に出しちゃうの？　炭酸ガスがお湯の中に溶けなかったら、意味がないじゃない！」

いつもだったら、入浴剤をひっつかんで、再び「ドボン」と浴槽に投げ入れ、不愉快な顔でお風呂タイムが始まったはずです。

でも、その日は「どうして入浴剤をお外に出すのか、理由を教えて」と聞いてみました。

すると子どもが、「だって、お外でシュワシュワしたほうが、すっごくいい匂いだよ。ほら」と言うのです。たしかに浴室内には芳《かぐわ》しい香り。

つまりはこういうことです。

私は「二酸化炭素を湯に溶かす」フレームで入浴剤を見ている。

子どもは「いい匂いをさせる」フレームで入浴剤を見ている。

子どもの見方が私の見方とはずれているので、私はイライラしたわけです。

フレーム同士のズレが生じたとき、私たちは相手のフレームを自分のフレームに合わせて修正しようとします。

するとイライラや、怒り、悲しみなどの感情が爆発してしまうというわけです。

でも、相手がこちらに合わせて軌道修正してくれる可能性はきわめて低い。だって、誰にとっても自分のフレームは自分にとっての当たり前。「空気」のようなものです。

ふだんは意識することさえないけれど、絶対的に自分自身の生命を支配しているものだからです。では、どうしたらいいでしょう。

相手のフレームを変えられないのなら、自分のフレームを変えるしかありません。方法は簡単です。

まずは、自分が固定されたフレームを通してものを見ているということに「気づく」ことです。

先ほどの例で言うと、「私は入浴剤の二酸化炭素効果にこだわりがあるのだ」という自分のフレームに気づきます。

それに気がついたら、次に自分のフレームを柔らかく広げます。「入浴剤の香りをいちばんに考える人もいる」ということを、「ふうん、そうなんだ」と思えばいいだけです。

お互いのフレーム、つまり価値観の違いに気づいたら、感情をぶつけるのではなく、会話ですり合わせをします。

「なんで出しちゃうの！」ではなく、にっこり笑って「出す理由を聞かせて」と聞いてみるのです。

ほら、それだけで、不愉快な時間が楽しい時間に切り換わります。

トリガーを見つけて、「私のトリセツ」をつくろう

ふだんは意識することさえない自分のフレーム（価値観）が、突然前面に出てきて、ガチッと戦闘モードに入ってしまうことがあります。

私にもこんなことがありました。まだ長男が1歳ぐらいだったころです。

当時、長男はひどいアレルギーに苦しめられていました。

私は少しでも子どもの症状を軽くするために、家の床はすべてフローリングにして、カーテンをやめてブラインドに変えるなど、できることはすべて徹底的にやっていました。

自分がやるべきこと（この場合は子育てですが）を完璧にやる。それが私のフレーム（価値観）だったわけです。

あるときデパートに行って、豆腐ハンバーグを買いました。お豆腐だけは、息子が食べても大丈夫な数少ない食品だったからです。

私はお店の人にさんざん念を押しました。

「これ、お豆腐だけですよね？」

「そうです。豆腐ハンバーグです」

ところが家に帰って、子どもにひと口食べさせたら、ぶわーっと口の周りに赤い湿疹《しっしん》が出たのです。

絶対、お豆腐だけじゃない！

すぐにお店に電話をして材料を確認してもらったら、鶏肉が入っていたのです。

「申しわけありません」と向こうは平謝りですが、完璧主義者の私はそういうことが、もう絶対に許せないわけです。

食品を扱う仕事なのに、素材の確認すらしていないのか！　それでもプロか！

こっちは命がかかってるんだ！　どうしてくれるんだ！　みたいな……。

今思えば、そんなに心配なら、外で買うなってことですけどね。

結局、デパートの責任者の方が桐《きり》の箱に入ったマスクメロンを持って謝りに来ました。でも、怒りがおさまらない私は、それを突き返したばかりでなく、「まあまあ」となだめに入った夫にも、「何言ってんの！」と怒りまくる始末。

悟り切った顔をして尼僧をやっている今の私からは、想像もできないような阿《あ》修羅《しゅら》ぶりですよね。


こんなふうに、自分のフレーム（価値観）が暴走して、周りじゅうを傷つけてしまうことがあります。

それには何らかのトリガーがあると思ってください。

そのトリガーは「スピリチュアル」と深く結びついていて、引くと感情が爆発します。

では、どんなときに爆発したのか。そのときのことをふり返ってみるのです。

それは朝だった？　夜だった？　相手の言い方、それとも態度が気に入らなかった？　そのときは忙しかった？　暇だった？　誰かと一緒だった？　一人だった？　お腹がすいていた？　眠かった？　などなど。

「考えてみたら毎回そうだわ」と思いあたることがあれば、それがあなたのトリガーです。

トリガーが見つかったら、そのトリガーを引かないように事前に策を立てておきましょう。

たとえば爆発するのがいつも忙しい朝で時間がないときだ、というのであれば、「時間に追われる」がトリガー。

でしたら、それを引かないために30分早く起きる、とかね。

でも、「30分早起きができたら苦労しないわよ」ですよね。わかります。

その場合は、「やばい！　トリガーに指がかかっているよ、私」と自覚するだけでも大丈夫です。

私はいつも口に出して「やばいよ～」と言うようにしています。

人は自分の価値観に抵触するような事柄には、ついつい感情を爆発させてしまうものです。爆発させることがいけないのではありません。

爆発をコントロールできないことが残念なのです。

トリガーを探して、策を立てる。つまりは「私のトリセツ」づくりですね。

しっかり自分のトリセツをつくり、他人も自分も傷つけてしまう前に感情の暴走や爆発をストップさせましょう。

〝不安のお城〟をつくらず、「今」に集中する

「スピリチュアルペイン」の多くを占めるのは不安です。

「この先、自分はどうなってしまうのだろう？」

「ちゃんと生きていけるだろうか？」

「どんな未来が待っているのだろう？」

「誰も頼る人がいなくて、一人ぼっちになってしまったらどうしよう？」

こんな不安を抱える人は本当にたくさんいます。

そういう人は「今」に自分が存在していない。想像した真っ暗な「未来」ばかりを見て、「今」を見ていないから不安になるのです。

でも、「今」のあなたに心を戻してみてください。

あなたは今、この本を読んでいます。それはどこでですか？

家の中？　本屋さん？　電車の中？　カフェ？

少なくとも、今のあなたはちゃんと呼吸して生きているし、安全に本も読めていますよね。

今はＯＫ。それって、ありがたいことだと思いませんか？


未来のことは誰にもわからない。

明日がどうなるかだってわからない。

私たちは、明日もこの命が当たり前のように続いているとあまり疑うこともなく思っていますが、本当にそうでしょうか？

「10年後が心配」「老後が心配」と言いますが、「あるの？　10年後や老後って本当に」ということです。「未来が心配」と言う「未来」は今の世の中が続いていたとして、という仮定ですよね。

そのベースが危ういのに、あるかどうかもわからない未来を仮定して、〝不安のお城〟を築いても、何も意味がない。

そうは思いませんか？

あなたが将来を不安がる気持ちはとてもよくわかります。

かつての私もそうでした。でも、出家して気づいたのです。

物事は「諸行無常《しょぎょうむじょう》」。万物はつねに変化し、ひとつとして同じ形のままで過ぎていくものはありません。

ということは、世の中もそうだし、私たちの生活もそうだし、今、あなたが抱えている不安だってそうなのですよ。

あなたの不安だって、変わっていくのです。

今、もう絶対的な不安だと思いつめて、「どうしたらいいの？」「どうしよう？」と一生懸命に不安がっていても、その不安自体、変わります。

だから意味はないのです。

不安がっていても、不安がっていなくても、物事はなるようにしかならない。

だからもう〝不安のお城〟をつくり続けるのをやめましょう。

もちろん、現実的な対処は必要です。

お金の面が不安なら、働いて貯金をしなければいけませんし、身体の調子が悪いなら、お医者さんにかかって治さないといけません。

でも、「スピリチュアル」なほうの不安、つまり、いくら考えても答えが出ない不安は、考えていても意味がないのです。

講演会などで、私はよく「幸せに死ぬにはどうしたらいいですか？」と質問されます。そういう方に私は必ずお聞きします。

「今日、一日、幸せでしたか？」

「いや、そんなに毎日幸せなことってありませんよ」という方は、幸せに死ぬのは難しいでしょう。

なぜって、毎日が幸せではないのに、死ぬときだけ幸せになれるでしょうか？

「今」に集中して、「今」を後悔なく生きる。それがすべてです。

「今」の幸せに焦点を当てるのが、結果的には〝不安のお城〟を築かずに、幸せに生きるコツです。

大丈夫！　だって今、あなたはちゃんと生きているのですから。

「今」に集中して、「今」をありがたく過ごしましょうね。その「今」の積み重ねが、あなたの「未来」をつくっていきます。

「嫌なこと」を3つ探して、「カルマ＝人生の課題」を見つける

「スピリチュアルケア」の勉強をしていたころ、たくさんのワークをやりました。その中のひとつが、自分の「生育歴」を書くワークです。

記憶に残っているいちばん小さいころのことから、父親や母親との関係をはじめとする人間関係や、心に残っている出来事や言葉を中心にひとつずつ思い出し書いていくのですが、専門家の先生がついて行なわないと難しいワークです。

ただ、一人でもできる方法もあります。まず紙を用意してください。そこに3つのことを書きます。

(1) 最近経験した、いちばん嫌だったこと
(2) 今までで、いちばん嫌だったこと
(3) 小さいころに経験した、いちばん嫌だったこと

そして⑴〜⑶に共通する要素を探してみます。共通項が見つかったら、それがあなたの「カルマ」です。

「カルマ」とは「業《ごう》」とか「因果応報《いんがおうほう》」のイメージがありますが、もっと前向きに「人生の課題」ととらえる考え方もあります。

人は誰もが「課題」を持って生まれてきます。人生は、その課題をクリアするためにあるのです。

たとえば⑴は、「近所の人に子どものことで注意されたこと」、⑵は「おじいちゃんのカメラをこわしてメチャクチャ怒られたこと」、⑶は「母親から怒られて物置に閉じ込められたこと」だとすると、何となく見えてくる共通項は、「注意される」とか「怒られる」になります。

なぜ、自分は注意されたり、怒られたりすることが苦手なのか。

そこから「人生の課題」をひもといていけばいいのです。

もし、怒られてもめげない精神力を持つことが「人生の課題」だと考えたとしたら、その課題をクリアするための方法を探していく必要があります。

でも、いろいろ試して努力しても、どうしてもクリアできないときには、さらに深いところに、それをクリアすることをはばむ「スピリチュアルペイン」があるのかもしれません。

先日、私のところに相談に来たSさんは、子育てに悩むお母さんでした。

「すごくやんちゃな子で、困り果てています。どうして、この子は私の言うことをきかないいんだろうとイライラしてしまうんです」と疲れ切った顔でおっしゃいます。

でも、話を聞いてみると、子どものことを怒っているようで、その怒りの半分くらいは自分の子どものときの思い出が入っているのです。

Sさんのお母さんは厳しい方で、子どもがおとなしくしていないと、ものすごく怒ったそうです。

Sさんは本当は、わが子のようにわんぱくに遊びたかったのに、お母さんに抑圧されてじっと我慢していました。

そういう思いが潜在意識の中に昇華されないまま滞り「スピリチュアルペイン」となって、Sさんの子育てを複雑にしていたのでした。

悩みの本当の理由に気づいたSさんは、自分の生い立ちをふり返り、母親との関係性を自分なりにとらえなおすことで、堂々めぐりの悩みに折り合いをつけようと努力しました。

先日、お会いしましたが、「あまりガミガミ言わないで、子どもの好奇心にまかせることにしました」と、さばさばした明るい表情で語ってくださいました。

このように、「スピリチュアル」につながる深い悩みは、まずは、それに「気づく」ことが大切な最初の一歩になります。

だからといって、気づいただけですべてが即解決というわけにはいかないのですが、少なくとも「私ってそうなのかも」と気づけた時点で心が少し楽になり、長いトンネルの先に灯《あか》りが見えてくるものなのです。

気づくことで、「カルマ」のクリアをはばむ「スピリチュアルペイン」に対処する糸口をつかむことができると、私は思っています。

【一超直入《いっちょうじきにゅう》】

すみやかに迷いを超越して、悟りの境地に達すること。一度、迷いや苦悩を超越してしまえば、すぐにそのまま悟りの境地に入ることができる。

第4章

悩み別
あなたに贈りたい言葉

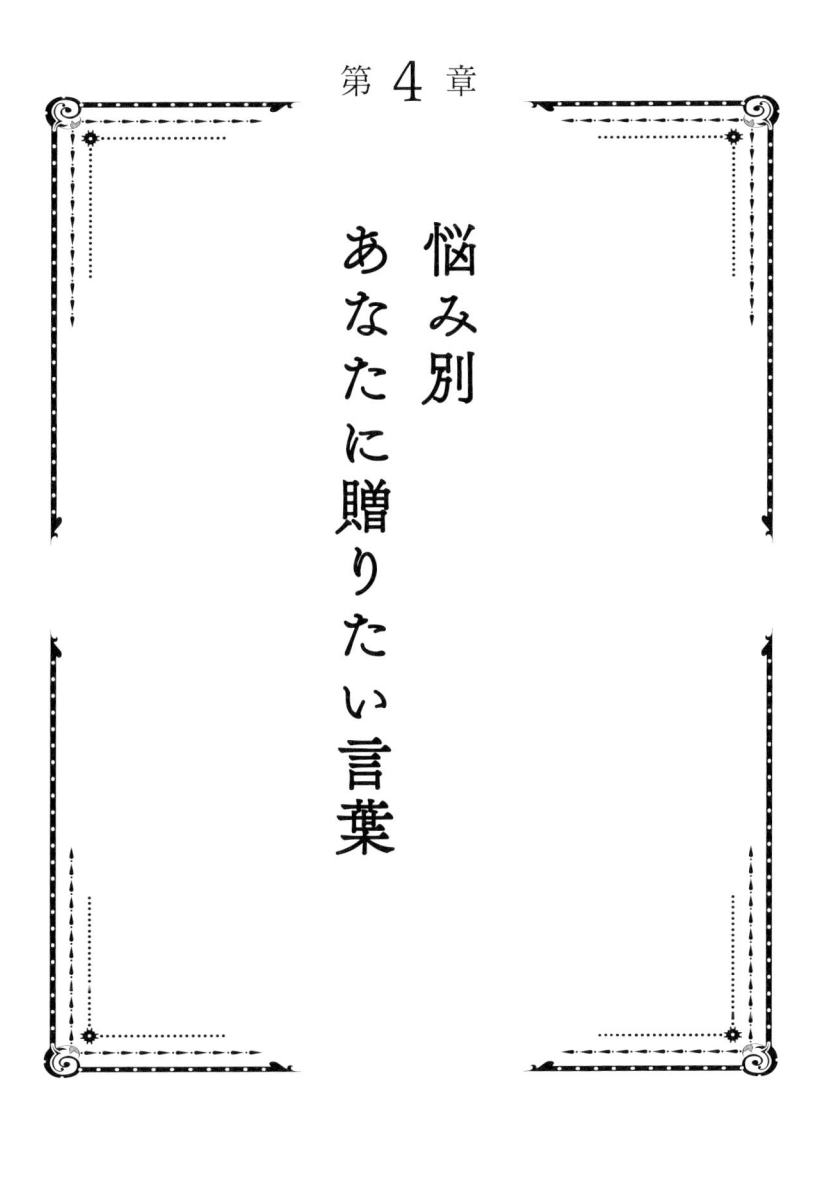

怒りがこみあげてくる人

――怒りは結局いちばん大切な人にも向かう

昔の私は攻撃的で、すぐに怒りまくる人間でした。

とくに長男がまだ小さかったころは、子どものアレルギーの問題もあって神経質になっており、つねに戦闘状態。

「この子を守れるのは私だけなんだわ」と思いつめて、周りじゅうを攻撃しまくっていました。

でも、それだけ人を攻撃すると、今度は自分のミスも許せなくなります。

「たまにはいいか」と手抜きすることができず、どんどん自分を追いつめる始末。完璧な母親像を自分に求めるので、絶対に子どもに風邪《かぜ》をひかせられないし、ちょっとの怪我《けが》もさせられない。

大らかなお母さんなら、子どもが風邪をひいても「風邪ひかせちゃったわ。公園で水遊びをさせすぎちゃったせいかしら。テヘヘ」みたいな感じでやり過ごすところを、私には絶対にそれができないのです。

その結果、どうなったか。

うっかり風邪をひかせようものなら、自分を責めるのを通り越して、風邪をひいた子どもを責めるようになります。

「どうして、あなたは風邪をひくの！　お母さんがこれだけ気をつけているのに」

逃げ場のない怒りが、最終的には自分がいちばん大切にしている人に向けられてしまうのです。

ですから、怒りがこみあげてくる人は、その怒りの刃《やいば》が初めは他人に、次に自分に、そして最後はいちばん大切な人に向けられていくことを頭の片隅に入れておいてください。

怒りを上手にコントロールしないと、大切な人を傷つけてしまう。大変ですね。

では、どうやって怒りをコントロールしたらいいのでしょう。まずは怒りがこみあげてくるきっかけを全部書き出してみましょう。

聞いてくれる人がいれば、言葉に出して話してもかまいません。ただ、そのときの相手は、黙って聞いてくれる人に限ります。

アドバイスや意見を言いたがる人は、その意見がどんなに正しくても、あなた自身が自力で気づき、軌道を修正するプロセスを邪魔してしまいます。

聞いてもらう相手を選びましょう。

原因を書き出したら、怒りがこみあげてきたときの状況を思い出してください。時間帯、一緒にいる人、体調など、「私のトリセツ」をつくるときと同じように（94ページ参照）客観的な状況を書き出していきます。

多くの人に共通する怒りがこみあげてくる状況をあげてみますと、意外に多いのは空腹です。血糖値が下がると、生き物は生命の危機を感じて、自分を守ろうと攻撃的になるそうです。

カーッと頭に血がのぼりそうになったら、急いで飴《あめ》をなめる、というのも怒りをコントロールするひとつの方法です。

また、脱水状態も人を怒りやすくします。脱水状態は私たちの心身の機能にかなり大きな影響を与えます。脱水状態になっても、私たちはあまり気がつきません。

「のどがちょっと渇いたな。何か飲みたい」と感じるのは、かなり脱水症状が進んでいる証拠。

ひと口水を飲めば、怒りがクールダウンします。

また、相手が自分の「スピリチュアルペイン」にふれてくると、怒りが爆発します。

人をやり込めようとする人は、必ず相手の痛いところをついてきます。「ここをついたら、一発ヒットするだろう」というところを敏感に感づいて、ピンポイントでねらってくる。

やられたほうは、「ギャー」と怒って反応するので、相手は「よし！　ヒットした」と学習し、またその〝痛いところ〟をついてきます。

ですから、自分の「スピリチュアルペイン」が何かを明確にして、「もし相手にそこをつかれても、知らん顔をしておこう」と自覚できたら、しめたもの。「私、ここをつつかれたら弱いんだよね」ということを知っているだけでも、怒りの爆発はかなり防げるはずです。

すぐに逃げ出す人

――「逃げ出すのがなぜ悪い？」と開き直ろう

日本の自殺率は世界でも上位です。とくに若者の自殺率はトップクラス。事故で亡くなる若者より、自殺で亡くなる若者のほうが多いのは、主要先進国では日本だけだそうです。

どんなにつらいことがあっても、歯をくいしばって学校や会社に行く。その結果、心がこわれてしまって、自ら命を断ってしまう人も少なくないのでしょう。

でも、この世で自分の命以上に大切なものはありません。

それなのに、なぜ、つらい場所から逃げ出さないのでしょう。

日本では「頑張る」＝善で、「逃げ出す」＝悪、という考え方があるように思います。

「石の上にも三年」とか「雨垂れ石を穿《うが》つ」などのことわざもあるように、逃げ出さずに耐えることが美徳のように言われています。

でも、出家してたくさんの方々の相談にのるようになってから、つくづく思ったのです。

人間って、ときには逃げ出すのもアリだなあ、と。

つらい状況にあるなら、逃げるのはまったく間違っていません。

なぜなら、命を守るためだから。

逃げて、どこが悪いの？　そうは思いませんか？

学校でいじめにあって、耐えがたいなら学校なんて行かなくてもいい。

会社で働くのが苦痛で、うつ病になってしまうくらいなら、やめてもいい。

逃げ出すことは卑怯《ひきょう》でも、無責任でもありません。

むしろ自分を守るための、責任ある行為です。

それなのに、周りが「逃げちゃダメだ」と圧をかけると、どこにも逃げ場がなくなって、もしかすると、生きていけなくなるかもしれませんよね。

ただ、人によって頑張れる力に、差があるのは確かだと思います。

これは私の感覚ですが、頑張ることができなくて、すぐに逃げ出してしまう人は「閾値《いきち》」（ギリギリの境界線のこと）が低いのではないでしょうか。

だから、「頑張れない」「すぐに逃げ出してしまう」と思っている人は、自分の「閾値」をあげる努力をしていけばいいのだと思います。

私の教え子にもこんな子がいました。看護学校を卒業して、ある病院に就職したのですが、職場の雰囲気にまったくなじめず、周囲から最悪の評価をされてしまったのです。

「まったく何を勉強してきたの？」

「使えない」

「看護師としてのセンスがない」

周りにそう評価され、悩んで、私に相談してきたのです。

「先生、やめてもいいですか？」と聞くので、「つらいなら、やめちゃいなよ」と私は答えました。

もし私が「いや、頑張ったほうがいいよ。『石の上にも三年』っていうじゃない」と言っていたら、その「三年」で、彼女は確実につぶれていたと思います。

彼女はその病院をやめ、別の病院に転職しました。

場所も、人も、担当する診療科も変わって、今は生き生きと活躍しています。

その場所なら、彼女も「閾値」をあげて頑張れる。「閾値」があげられる場所を見つけたということです。

つらければ逃げてもかまわない。

つらいとき、自分を守れるのは自分しかいません。

「逃げて何が悪い」と堂々と胸を張りましょう。

そして、自分が頑張れる場所を探すのです。

今の場所から逃げても、自分に合う場所は必ずあります。

そう信じて頑張ること。頑張りどころはそこにあります。

迷ってばかりで決められない人

――ジタバタせずに、流れに身をまかせる

知人から聞いた話です。

彼女は婚活中の友人から、相談を受けたそうです。友人は2人の男性の間で揺れ動いていました。

「Aさんは人柄、学歴、職業とも申し分なく、結婚するならこの人だと思うの。Bさんはスペックは Aさんより劣るけど、私とすごく気が合って、一緒にいたら楽しい人なの。どっちを選んだら幸せになれると思う？」

知人は誠心誠意、友人の相談につきあいました。でも、堂々めぐりするだけでなかなか結論が出ませんでした。

そうこうするうち、高スペックのAさんは、ほかの方との婚約が決まり、そうなると〝逃した魚は大きく〟見えて、断然Aさんに未練が残り、Bさんとの交際

をためらっているうちに、Bさんも別の方とおつきあいするようになった、と言うのです。

つまり、「二兎《にと》を追うものは一兎をも得ず」。昔からのことわざ通りになってしまったというわけです。

こんなふうに、大事なときに物事がなかなか決められなくてジタバタすることがあります。

さんざん迷ったあげく、〝正解〟がつかめればいいのですが、このケースのように、結果もうまくいかないことが往々にしてあるのです。

どうしたらいいか迷ってしまって、決断ができないとき、私はジタバタせずに、じっとしていることにしています。

何とかしようといろいろ考えたり、行動するとかえって袋小路に追い込まれてしまう。むしろ放っておいたほうが、自然に行き着くところに落ち着き、結果オーライになる。そんな気がします。

何も考えずに、力を抜いて流れに身をまかせる。

プールの水面《みなも》に力を抜いて浮いている感じでしょうか。よけいな力がかからなければ、本来行くべき方向に自然に流れていく気がします。

「早く決められない自分は優柔不断だ！」とか「決められないとダメな人だと思われちゃう」というのは、よけいな力です。

よけいな力がかかればかかるほど、本来選ぶべき道が見えなくなります。

だから流れにまかせて、ただ浮いているだけでいい。

もちろん「言うは易《やす》く行なうは難《かた》し」です。

「考えるな」と言われても、考えてしまう。

少しくらい気持ちがザワついてもそれはよし。コツは、具体的な行動に移さない、ということです。

事態を何とかしようとして、あちこち動いたり、人に相談したりしない。

迷っているとつい人に相談して意見を求めたくなりますが、自分にドンピシャな答えを言ってくれる人など、そうそういません。

だって、答えはいつも自分の中にしかありませんから。

でも、まったく相談するなと言っているわけではありません。

どうしても相談したければ、してもかまわないのですが、正解を期待しないこと。ただ参考になる材料を集めるくらいに思っておきましょう。

そして、材料を集めたら、あとは何も行動しない。放っておく。

「宇宙」に預ける、あるいは神さまや仏さまを信じている人なら、そのエリアに預ける感覚でしょうか。

「でも、タイムリミットがあるんです」という人もいるかもしれませんれ。そういう人もギリギリまで待ってみましょう。

「よし、あとはなるようになれ。タイムリミットまで待ってみよう」と思うと、不思議と腹がすわってきます。

焦ってジタバタしても、正解は出ない。ならばギリギリまで待って、答えを出しても同じです。

腹がすわれば何かがひらめきます。天から答えが下りてくるかもしれません。

どこまで力を抜いて流れに身をまかせられるか。どこまで本気で預けられるか。そこにかかっている気がします。

嫉妬心がおさえられない人

——嫉妬心に気づいて、ベクトルを変えればいい

嫉妬心に苦しんでいた私の知人の話です。

彼女は、３年先輩の女性に対抗心を燃やしていました。

その先輩は、たいして仕事ができないのに、上からの評価はめざましく高く、重要な仕事をどんどんまかされていました。

「あり得ない。私のほうが絶対に仕事ができるのに」

知人は必死で勉強して、仕事を覚え、スキルを磨きました。でも、その間、先輩も同じだけキャリアを積んでいくので、「3年先輩」という時間差は絶対に埋まりませんでした。

決定的だったのは、彼女が資格を取る勉強をしたいので、研修を受けたいと上司に申し出たときのことです。

彼女の職場では、毎年一人の社員が上司の推薦で選ばれて、学費は会社持ちで専門学校で勉強させてもらえます。彼女は、その推薦枠を取るために一生懸命仕事をし、個人的に勉強もしていました。

それなのに、あろうことか、先輩のあの人が選ばれるというではありませんか。

「今年は○○さんが行くことになっているから。あなたは来年か、再来年ね」

ふつうだったらそこであきらめて、２、３年待つこともできたと思います。でも、彼女は先輩が行くことが許せなかった。

「こんな会社、やめてやる」

そして、会社の推薦なしで、自力で学費を払い、専門学校に入学して、資格を取得したのです。その後、彼女はその資格だけでは飽き足らず、さらに上の学校に通って、上級資格まで取ってしまいました。

でも、それだけ頑張って資格を取ったのに、結局、彼女は今、その資格を活かした仕事をしているわけではありません。

彼女はくだらない嫉妬心から、ものすごいエネルギーを使ってしまったのです。

今ふり返ると、過去の自分に「無駄に頑張っていたね」と言ってやりたいくらいだと、彼女は話してくれました。

このすさまじいエネルギーを、もっとほかのことに使えばよかったと。


人をうらやんだり、ねたんだりする気持ちは誰でも持っているもの。

仏教の中にも、「ねたむのは愚かなこと。ねたんではいけない」という戒律が存在しているくらいです。

お釈迦さまがいらした2500年ほど前から、人間は嫉妬やねたみの感情に苦しんでいたのですから、かなり業の深い感情ですよね。

だから、嫉妬する気持ちをゼロにするのは無理。

人に嫉妬する気持ちはあって当然です。それを否定するのではなく、認めることから始めましょう。


その上でどうするか。

嫉妬するエネルギーをどれくらいうまく変換できるか、だと思います。

たとえば「あの人の足を引っ張ってやろう」とマイナスのほうへ流れていくと、ダークサイドからいつまでたっても抜け出せません。

下手をすれば、相手までダークサイドにひきずり込んでしまうかもしれない。

でも、そのエネルギーをプラスの方向に転換させ、「じゃあ、自分も頑張ろう」という方向へ変えていければ、お互いに向上していけるのではないでしょうか。

嫉妬心がわいたとき、「絶対に私のほうが優秀なのに。なんであの人ばっかり」という気持ちになったら、その気持ちに気づいて、プラスの方向へベクトルをチェンジさせるのです。

その意味で言えば、私の知人が必死で資格を取ったり、学校に通ったりしたのは、あながち間違いではありませんでした。

ただ、頑張るモチベーションが違っていたのです。

頑張って勉強するのはいいのですが、「あの人に負けたくない」が目的だと、資格を取ったり、勉強することも、すべて「あの人のため（あの人に負けたくないため）」になってしまいます。

つまり、自分のためではない。だから、自分のために経験が活かせないのです。

せっかく頑張るのですから、「あの人のために」ではなくて、「自分のために」頑張ってください。

そうすれば、嫉妬に向かうエネルギーが自分を向上させる推進力に変わります。

人を愛せないと悩んでいる人

――愛せないのではなく、一人が好きなだけ

知り合いに40代半ばの女性が2人います。

一人は婚活中。10キロくらいダイエットして、エステにも通い、涙ぐましい努力を続けています。

もう一人はまったくそういうことに興味がなく、気ままに美味しいものを食べ歩きしたり、好きな落語を聞きに行ったり……。

どちらが幸せそうかというと、明らかに、後者の女性のほうが楽しそうです。

日本では女性が結婚しないと、一人前でないような見方がまだ少なからず残っているのかもしれません。

一人でいても別に不便はないのに、世間の目を気にして、「結婚しないといけないのかしら？」「一人でいる私は、人が愛せないのだろうか？」と悩んでしまう。

世間の価値観に影響されて、ついつい自己否定に走ってしまう方もいるのかもしれませんね。

でも、私は思います。

人間は一人で生まれて、一人で死んでいく。

もともと一人なのですから、一人で生きても少しもおかしいことはありません。

孤独でいることに寂しさを感じたときだけ、誰かと一緒になり、〝つがい〟になればいいのです。

一人でいて、快適で、何の寂しさも不自由さも感じていないのなら、一人でいても、まったくかまわない。

人からとやかく言われる問題ではないと思います。

私も長男が結婚して家を出ていき、高校生の次男も部活や塾で忙しくて、家にいないときは、一人の時間を満喫しています。

誰かと一緒にいるときは、相手とすり合わせをして、譲らなければならないことがたくさん出てきます。

おかずひとつにしても、自分はさっぱりしたお刺身が食べたいのに、相手が

「トンカツが食べたい」と言えば、「う〜ん」と内心思いながらも、相手に合わせなければならないこともあるでしょう。

休みの日、どこかに出かけたいのに、相手が家でゴロゴロしたいと言えば、それに合わせることに……。

人と一緒にいるとは、そういう小さな我慢・妥協の積み重ねです。

一人でいる寂しさと、誰かといるわずらわしさを天秤《てんびん》にかけて、それでも寂しさが勝れば、一緒にいるほうを選べばいい。

一人でいても寂しくない、快適だという人は、一人を選べばいい。

人を愛せないのではなくて、一人でいるほうが好きなだけです。

それに一人でいて、特定の恋人がいない人でも、人を愛することはいくらでもできます。

愛は男女の愛だけではありません。もっと大きな愛があります。

それは人類に対する愛。

恋人や夫に対する愛だと、対象は一人ですから、メチャクチャ小さい。ある意味こわれやすいとも言えます。

でも、対象が広がって、職場の同僚や街ゆく人や、直接顔を知らない誰かに向けられた愛はもっと大きく、深い。そう思うのです。

以前、新聞にこんな記事がのっていました。

コールセンターでクレーム処理をしている女性の話です。ただでさえ大変な仕事ですが、コロナの影響で人数が減らされて、現場は疲労困憊《こんぱい》だったそうです。

あるとき年配の女性からクレームがありました。対応して電話を切るとき、その女性から「あなたも大変ね。声がかすれてるじゃないの。ちゃんと寝てるの？　大変だけど頑張ってね」と言われたそうです。

電話を切ったあと、コールセンターの女性は涙が止まらなかったとか。

顔も知らない、今後接点もない相手に対して、相手の立場を思いやり、ひと言優しい言葉をかけられるのも、間違いなく愛です。

夫がいるか、恋人がいるか、それとも一人でいるかということと、愛情があるかどうかは関係ありません。

どれだけ自分が相手の立場を想像できるか――愛とはその想像力とつながっているのです。

すぐに落ち込む人

──「自己評価」と「他者評価」のいいトコ取りをする

私は強気で物事をがんがん進めてしまうので、周りからは〝鉄のハート〟の持ち主だと思われてきました。

でも、その後ろには、すぐ傷つく〝ガラスのハート〟が隠されています。

落ち込んだところを周りに見せないために、精いっぱい虚勢を張っていたのが私だったのです。

このままではいけないと、あるとき「自己評価」と「他者評価」を切り離してみることにしました。

すると、少し精神のバランスが保てるようになりました。

落ち込む人は、「自己評価」が低いのです。その上、人から低い評価を受けるとダブルで落ち込んでしまう。

せめて自分で自分を肯定できれば、落ち込みは半分ですみます。

そのためには、「他者評価」をいったん切り離してみることをおすすめします。人から「ばかみたい」と言われても、それはその人の意見。どう思おうとその人の勝手なので、「どうぞご自由に」。でも「私はそうは思いません」と心の中でつぶやいてみるのです。

どちらが正しいとか、間違っているという問題ではなく、あなたはあなた、私は私。ただ、「違う」というそれだけのこと。

そんなふうに「自己評価」と「他者評価」を切り離してみたら、敵だと思っていた人は敵でも何でもなくて、ただ「あの方はあの方。私は私。以上。終わり」。そう思えるようになってきました。

もっともこの「自己評価」を高めるのが難しいのが、すぐ落ち込むタイプの人の特徴かもしれませんね。

「自己評価」を支えるのが魂の健康状態「スピリチュアルヘルス」と関係するところなので、「スピリチュアルヘルス」が整っていないと、なかなか「自己評価」は確立できません。

なので、どうしても落ち込んでしまうときは、いったんその落ち込みから気分を引き離す具体的な方策をとることをおすすめします。

いちばん即効性があるのはスポーツです。身体を使うことで、心の中でグルグルしていたネガティブな気分が解消されていきます。

また、心を空っぽにするのがいいので、無心に写経をしたり、編み物をしたりするのもいいでしょう。

海を見たり、高いところに登ったりして、視点を変えるのもいいと思います。

落ち込んでいると、寝るときに妙な考えが頭にたくさん浮かんできて眠れなくなってしまいます。睡眠不足も落ち込みを加速させてしまいますので、そういう方におすすめするのは、「1回、布団から出て立ってください」ということ。

頭が地面に近ければ近いほど、人間はネガティブな考え方をすると言われています。

歩いていて落ち込んでくると、「はあ〜」と頭が下がってきますよね。

反対に「やるぞ！」と力があふれているときは、頭がクッと上を向きます。

寝ていると、地面に頭が近くなって、ますます落ち込んでしまうので、まずは「立つ！」「地面から頭を離せ！」。

そして、温かいものでも飲んで少し落ち着いてからまた寝るのも、「スピリチュアルヘルス」を整えて、「自己評価」を高めるひとつの手だと思います。

【豁然大悟《かつぜんたいご》】

疑い迷っていたことがカラッと開け解けて、真理を悟ること。目の前の霧がカラッと晴れて、真実が見えるようになること。

第5章

大切な人と長く一緒にいるために

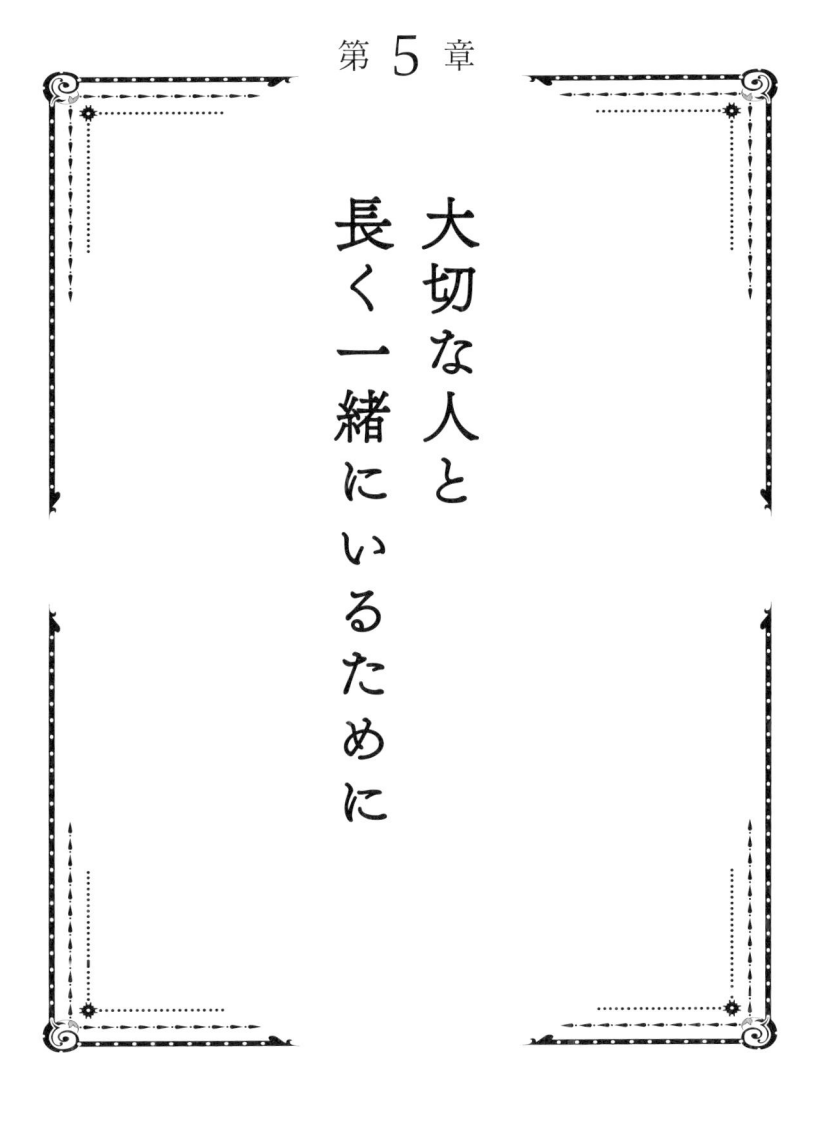

親との関係

——親子関係をロマンチックに考える必要はない

どんな親でも大切にして、敬《うやま》わなければならない、というのは昔からよくある考え方です。

お釈迦さまも「父母の恩の重きこと、天の極まりなきがごとし」とおっしゃっています。

なぜ親を敬うのかというと、親には無償の愛があったからです。

でも、2500年たって、親の愛も変わってきたのではないでしょうか。

「毒親」という言葉もあるように、必ずしも自分にとってプラスになる親ばかりとは限りません。

もし、あなたの親が無償の愛を持っていないと感じるのなら、親から離れてもいいと思います。

もちろん自分を産み、育ててくれた親ですから、恩をあだで返せと言っているわけではありません。

でも、ある程度育ったら、自分も一人の人間、親も一人の人間。「親だからこうしなければならない」ではなく、人間としてどうつきあっていくのか、ということでいいのではないか、と私は思います。

昔、前世療法というものをかじったことがあります。

その先生いわく、子どもは生まれてくる前に、どの親のところに生まれてくるか、自分で選ぶというのです。

人間はみなカルマ、すなわち課題を達成するためにこの世に生まれて、生きていきます。

ということは、修行して課題が達成できるような環境を選ぶ必要があります。まるっと幸せなところに生まれてしまっては、修行ができない。なので、問題があるところにしか子どもは生まれないというのが、その先生のお考えでした。

もちろん親のほうにも課題はあります。

親子ともに課題があるところを選んで生まれてくると、お互いに鍛えられ、ともに力を合わせて、それぞれの課題を解決できる。

家族は課題を解決し合うユニットなのだ、と先生はおっしゃるのです。

「なるほどな」と思いました。

家族はユニット、それぞれが独立した存在。

もちろん自分を産み、育ててくれた恩はあります。でも、それと「親の面倒をみる」のとは別問題。

自然界では、親が子どもを育てるのは当然のこと。もし親がいなければ、周りの大人たちが面倒をみます。

では、面倒をみてくれたその人たち全員の老後をみなければいけないのかというと、そんな義務はありません。

同様に、「親だから老後はばっちり面倒をみろ」というのも通用しないのがわかります。

私は個人的にこの考え方を採用し、親との関係がとても楽になりました。

みなさんにこの考え方を強制するつもりはありませんが、楽になると思われる方は便利に使ってください。

とにかく、日本人は親と子の関係を少しロマンチックに考えすぎている気がします。

親と子は何があっても一心同体、運命共同体。

子どもが犯罪者になれば、親も犯罪者のように扱われる日本の文化は、はたして美徳なのでしょうか。

アメリカでは犯罪者の親は逆に世間から慰められるそうです。「あんなバッドな子を持って、あなたもかわいそうにね」と。

それくらい親と子は分離しているのです。

親がしんどいと思ったら離れればいいし、一緒にいたいと思えばいればいい。

あくまで人間対人間として対峙《たいじ》すればいいのではないでしょうか。

夫とのつきあい方

――「役割」に左右されない。相手をどれだけ尊敬できるか

夫婦関係を長続きさせるには、何が必要だと思いますか？

「愛情」と言いたいですよね。

でも、生物学的に見ると、男女としての「恋愛」感情は3年が限度なのだそうです。

どんなにラブラブな夫婦でも、3年たてば、「恋愛」感情は消滅してしまう。

何だか、夢がなくなってしまいますよね。

でも、もし相手をリスペクトする気持ちがあったら？

相手に対する尊敬の念は何年たっても深めていけるのではないでしょうか。

それこそ、亡くなったあとでも、「尊敬しているのは夫だけです」と言えるくらい永遠に続きます。

要するに、長く幸せに夫婦関係を維持するには、相手への「リスペクト」が大切なのです。

でも、結婚すると、相手に対する「リスペクト」が減ってくる傾向がありま す。

その原因のひとつに、相手に「夫」という「役割」を与え、それができないと相手を否定する傾向があるのではないでしょうか。

妻がつい言ってしまいがちな言葉、「夫なんだから、ゴミ捨てくらいしなさいよ」とか「休みなんだから、子どもの面倒をみてよ」は、その典型。

だんだん夫の「役割」を増やしていって、それができないと「うちのだんなってダメなのよ」と不満たらたらになってしまうのです。

中にはお給料が安いだけで、人格までも全否定してしまう人もいますよね。

もちろん、家のことに非協力的な夫に対し、そう言ってしまう気持ちもよくわかるのですが、夫には「夫」という役割以外に、タロウさんならタロウさんという存在としての生き方があります。

お給料をたくさん持ってくるかこないかは、あくまでタロウさんの一部であって、たとえお給料が少なくても、タロウさんの生き方や考え方までが否定されるわけではありません。

あなたも夫から「妻」という「役割」でしか見てもらえなかったら、嫌だと思いませんか？

「妻なんだから、掃除くらいしとけよ」とか「めし、つくれ」とか「子どもを泣かすな」とか。

相手に「役割」を押しつけて、それだけで評価しないこと。

「役割」とは関係なく、その人自身が持っているものを、どれだけリスペクトできるか、ということだと思います。

ただ、日々生活をしていると、私たちは忙しくて、時間もないし、お金もない。その人自身を見てリスペクトする気持ちは、どうしても削られていってしまいます。

なので、月1回でもいいので、「夫」「妻」「パパ」「ママ」という「役割」を離れて、個人に戻る時間があるのが理想的だと思います。

子どもを預けて、２人で映画を観るとか、食事をするとか。「パパ」「ママ」ではなく、きちんと名前で呼び合う時間があるといいですね。

男女としての「恋愛」感情は3年で冷めてしまったとしても、人間としてリスペクトできると、「男としては好きじゃない。でも、人間としては好き」ということが起きます。

愛の範囲からすると、男から人間に広がっているので、より大きくなります。

すると、たとえセックスレスであっても、双方がそれで満足しているのなら、問題ありません。

セックス＝愛だと私は思っていません。もし、夫婦の間で男女を超えた人間愛や、リスペクトし合う感情が育っているのなら、それもひとつの夫婦の形ではないでしょうか。

恋人との関係

——男は「放し飼い」をするに限る

愛する人といつまでも一緒にいたい。

誰もが思うことでしょう。でも、前にも言いましたが、男女としての「恋愛」感情は3年が限度です。それに、結婚していない恋人同士だと、もっと自由な関係なので、3年も経たず別れてしまうこともあります。

恋人関係がこわれてしまう原因は何でしょう？

別れの原因はいろいろあると思いますが、共通するのは「束縛」ではないでしょうか。

男性と女性は本質的に異なっています。

言い方は乱暴ですが、男性は「タネ」をまく存在。

できるだけたくさんの「タネ」をまきたいのが、男という性の本質なので、恋人がいても、フェロモン全開の女性が目の前にあらわれたら、そちらに心が動くのはきわめて自然なことです。

男の本能に嫉妬しても、こちらに何か得があるどころか、嫉妬すればするほど嫌がられるのがオチです。だから恋人関係をうまく続けていくコツは何か、と聞かれたら、私なら迷わず「放し飼い」と答えます。

男性は性分からして、束縛されることに本能的な危機感を覚えます。加えて、ややこしいのは、帰巣本能もあることです。

本来、その役割を果たすのは母親です。外でいろいろ悪いことをしても、家に帰ったら「お帰り」と言ってくれる優しい存在がお母さん。

でも、成人した男性は今さら母親のところには戻れない。

そこで、妻や恋人にその役割を求めるわけです。男って本当に面倒くさい存在ですね。

だから、外でほかの女性と会っていても、帰って来たときに「お帰りなさい」と言ってもらえたら、もう最高！

「何してきたの、あんた！」みたいに責められると帰りづらくなるでしょう。

一方、つきあいだして間もない彼女は、一生懸命男性を受け入れようとしているので、「私のところに来てくれてありがとう！」と言うはずです。「何してきたの、あんた！」と「私のところに来てくれてありがとう！」では、もう勝負あった、という感じですね。

だから、男は基本「放し飼い」。

自由にさせて、帰って来たとき「お帰り」と優しく迎え入れてあげるのが、関係を長続きさせるコツなのです。

「そんなことをしたら、〝都合がいい女〟にされてしまいませんか？」という意見が飛んできそうですね。でも、ちょっと待ってください。「都合よく使われる」という発想は、相手に対する見返りとセットになっていませんか？

「こんなに尽くしてあげたのに」「お料理だってつくったのに」「洗濯してあげたのに」、彼は何もしてくれない。私を都合よく利用しているだけだわ、というのが理屈ですよね？

でも、彼に尽くすのも、料理をつくるのも、洗濯してあげるのも、「私」がやりたくてやったことではありませんか？

自分が本当にやりたくてやっていることなら、「都合よく利用された」とは思わないはずです。

だって、「やりたくてやった」のだから、利用されたわけじゃない。

それを「利用された」と感じるのは、相手に見返りを求めているから。

「一生懸命尽くしたら、私から離れていかないで」という見返り。「ご飯をつくったら、私を好きになって」という見返り。

こうやったら、こうしてくれるだろう、という自分勝手な期待を相手に押しつけ、それがかなえられないと、「利用された」と被害者になる。それではどこかこんがらかっていると思うのです。

自分がやりたいからやる。むしろ、やりたいことをやらせてくれてありがとう、という気持ちになれば、たとえ彼が離れていっても、自分が被害者にならなくてすみます。

「私がやりたくてやっている」。いつもその立ち位置を忘れないでくださいね。

そうすれば男を「放し飼い」にして、万が一戻ってこなくても、うらみつらみの被害者意識を持たずにすみます。

友人とのつきあい方

――魂の種類が違ったら、関係を断ち切ってかまわない

以前、私が受けたあるセミナーの先生が面白いことをおっしゃっていました。

友人を含めて、自分の人間関係で、何か快適ではないものを感じるときは、魂の種類が違うそうです。

どちらが「よい」「悪い」ということではなく、キリンとシマウマが違うように、種類が違う、とのこと。

そういう人とは、どんなに努力して接し方や態度を変えても、しっくりくることはない。無理して一緒にいようとすると、魂が曇るとおっしゃっていました。「スピリチュアル」な深い部分が傷ついてくる、という意味でしょう。

だから、魂の種類が違う人からは離れたほうがいい。一緒にいるのが苦しけれ

ば、きれいさっぱり関係を切ってもいいと私は思います。

だってキリンがシマウマの群れに紛れ込んでしまったら、居心地が悪いのは当たり前でしょう？　「なんで私はシマウマさんと仲良くできないんだろう？」と悩むほうがおかしいのです。

そうやって関係を切っていたら、友だちが誰もいなくなってしまうと心配になるかもしれませんね。でも、大丈夫。

魂の種類が同じ人とは、ちゃんと引き合えるようになっています。

私もある友だちとちょっとしたことでケンカになり、２人ともプンスカ怒って、長い間、連絡を取らなかったことがありました。

でも、ある日、何事もなかったかのように友だちから連絡が来て、またやりとりするようになりました。

魂の種類が同じ人は、魂が「切っちゃダメだ」とアラートを鳴らしています。ですから、またいつか必ず引き合うのだと思います。

反対に、最初はすごく仲がよかったのに、途中から何かのきっかけでケンカをして絶交することもありますよね。

それは最初から魂の種類が違っていたのです。

夫婦間でもよくそういうことがあるそうです。

私たちは、表面をいろいろにとりつくろって生きているので、最初は「この人と相性がいいな」と思ってしまう。

でも、だんだん親しくなって、とりつくろったものがむけてくると、「やっぱり違ったんだね」ということがあります。

お互いに違うとわかったら、もう絶対にうまくいかない。離れたほうがいいのです。

魂の種類が同じかどうか、よくわからないときは、いったんちょっと距離を置いてみる、という方法もアリだと思います。

種類が同じだったら、必ず引き合います。種類が違っていたら、そのまま切れてしまう。仏教でいう「ご縁」もそういうことだと思います。

ついでに少しふれておくと、ママ同士のつきあい、いわゆる〝ママ友〟との関係も問題になっているようです。

〝ママの友だち〟ですから、「友だち」というイメージがありますが、私から言わせると、〝ママ友〟は「母親」という役割の人たちが集まった専門職の集団にすぎません。

つまり、最初から「ありのままの自分」とは少し違う顔で、集まってきているのです。

それぞれが「自分の子どもを立派に育てる」「子どもをきちんとしつける」という課題を持っていますから、集団の中でその〝出来高〟を比べることになるのは当然のこと。

各自の利害で動くのは仕方ありません。ですから、〝ママ友〟は「友だち」ではなく〝ママサミット〟。

いろいろなものを背負った各国の代表が集まるサミットだと思えば、マウントの取り合いや、陰口、仲間外れに神経をすり減らさないですみます。

もちろん例外はあって、幸運にもその中から本当の友だちが見つかることもあるでしょう。でも、そうでなければいけないということではありません。

ママ友とのおつきあいでへこんだりするくらいなら、あまり無理をせずに離れるというのも、選択肢のひとつです。

子どもとのつきあい方

――「私の子ども」ではなく、「私と子ども」に

子どもとの関係で気をつけることは2つあります。

ひとつは子どもを自分の所有物にしないこと。もうひとつは子どもに、嬉々《きき》とした自分の生きざまを見せることです。

まず「子どもを自分の所有物にしないこと」についてお話しします。

わが子のことを話すとき、お母さんはたいてい「私の子」と言いませんか？

それは文法的に間違っていないでしょうか？

「私の子」と言ってしまうと、子どもは「私」の従属物になってしまいます。でも、子どもはどんなに小さくても、一人の人間であり、人格ですよね。

誰かの所有物だったり、従属物ではありません。

だから正しくは「私の子」ではなくて、「私と子」ではないでしょうか。

「私の子」と思っていると、子どもがお母さんと違う考え方や価値観を持ったとき、「なんでお母さんの言う通りにしないの⁉」と責め言葉が出てしまいます。

でも、「私と子」だったら、「どうしてそういうふうにやってみたの？」と相手の立場や価値観を尊重する聞き方ができるでしょう。

私はひきこもりの方の相談にものっています。そういう方とお話をしていると、お母さんがほぼ100％「私の子は」「この子は」と言います。

もう40歳、50歳になった子どもを、まだなお完全に自分の支配下に置いて、「この子」と言う。

その関わり方が、子どもの自立をはばんでしまったのかなあ、と思うことがあります。

私自身は、子どもを自分の従属物だと思ったことはありません。

母子家庭でいる期間が長かったせいで、子どもは私の従属物というより、「同志」だったのです。

つねに子どもの考え方や感じ方を知りたかったし、困ったことがあったらお互いに共有する。同じ立場でどうするか、相談させてもらっていました。

今思えば、子どもに対して話すべきことではないことも、ほかに相談相手がいないので、包み隠さず話していた気がします。

母からは、「そんなふうに育てていたら、こましゃくれた子に育っちゃうわよ」と注意されましたが、幸い、子どもたちはやさぐれることもなく、真っすぐに育ち、一人は看護師に、もう一人も看護師をめざして勉強中です。

子どもとの関係で気をつける2つ目は「嬉々とした親の生きざまを見せること」です。

最近、同年代の友人たちからよく相談を受けるのが、親の介護問題です。

「両親は自分の親や舅《しゅうと》姑の介護をすごく頑張ってやってきたから、自分たちも子どもに面倒をみてもらえるのが当然だと思っているの。でも正直、親を介護するのはしんどい」

自分が年寄りの面倒をみたから、自分もみてもらえるというのは、親の勝手な思い込みです。

少し厳しい言い方をすれば、自分が介護していたときは、本当はやりたくなかった。それなのに、いろいろな理由があって、仕方なくやっていたとすると、同じ苦労を他人にもやれと思いたくなってしまうのです。

よく苦労の末に企業を大きく育てた創業者が、社員に対して「自分はこんなに苦労したのだから、あなたたちも同じように苦労しないと一人前にならない」と教訓を話すのと似ています。

でも今、下手にそれをやるとパワハラになります。

もし親が老後の面倒を子どもにみてもらいたいのなら、自分も親や舅姑の面倒を嬉々としてやらなければいけません。

「こんなふうにおばあちゃんの面倒がみられてよかったわ」とか「やらなかったら、きっと後悔したから、やれてよかった」とか。

輝くような笑顔で語れば、子どもも絶対同じことをしてくれます。

親はつねに自分の生きざまを子どもに見せている。それが教育であり、子どもに対する親の関わり方ではないでしょうか。

親が生きたように、子も育つ。

子が親が思うように育たなかったとしたら、それは親が自分の思うように人生を生きなかった結果なのだと思います。

愛する人を亡くしたとき

——悲しみ切れば「時間薬」が効いてくる

人一人分のエネルギーはものすごいもの。

人が亡くなるときは、そのエネルギーが肉体から目に見えないものに変わるのですから、周囲に大変な影響を与えます。

エネルギーが変わるときは何でもそうですよね。

水が沸騰してお湯になるときは熱を出すように、人間が亡くなるときも、ものすごいエネルギーの変換が起きます。

その影響を受けて悲しみのドツボにはまる人もいるし、中には全然悲しくないという形であらわれる人もいます。

いずれにしても、大変なエネルギーの嵐が吹き荒れているのだ、ということを認識しておいてください。

人が亡くなったとき、周りの人は「そんなに悲しんではいけない」と言ってしまいがちです。

でも、悲しみから早く脱却するには、本当は悲しみ切ったほうがいいのです。
2、3日寝込むくらい、どっぷり悲しみにひたったほうがいい。そのほうが回復が早いのです。
でも、それを許さない雰囲気が周りにあります。

「そんなにメソメソしていると、亡くなったお父さんが悲しむわよ」

「残されたお子さんたちが心配するわよ」とか。

それは泣いている人と一緒にいたり、見ているのがつらいので、つまり自分が嫌だから「泣かないでね」と言っているだけです。

自分がつらいから、楽になりたいために、いろいろなところから理由を引っ張ってきて、「お父さんが悲しむから泣かないでね」と言っているだけ。

でも、周りからそんなふうに言われると、「そうかな」という気持ちになって、悲しみ切ることができなくなります。

そうすると、「時間薬」の効きが悪くなります。

人は永遠に悲しむことはできません。最愛の人を亡くして、悲しみのどん底にいても、時間は流れていきます。

いつかは悲しみが薄れるようにできている。それが「時間薬」です。

でも、外から人が「泣いちゃダメよ」とか「悲しみすぎないで」とよけいな力をかけると「時間薬」が効かなくなります。順調に回復していくのを邪魔してしまうのです。

また、周囲が過剰に慰めるのも「時間薬」を効かせなくします。

本人が「愛する人を亡くして悲しんでいる自分」というアイデンティティーを確立して、そこに安住してしまうからです。

堂々と悲しみ切って、悲しみに身をまかせる。やみくもに悲しみにふたをしないことが大切です。


悲しみに耐えられなくなりそうだったら、自分を慰める手段を採用しましょう。たとえば亡くなったお母さんは天国でお父さんと会っているとか、自分が死んだら待っていてくれるとか。

風や木や光になって、自然に戻ったと思ってもいい。

「回向《えこう》」という考え方もあります。

「親孝行が何もできなかった」「何もしてあげられなかった」と後悔している人が多いのですが、「回向」とは自分がこの世で徳を積むことで、あの世にいる亡くなった人に徳を渡せるという考え方です。

自分がいいことをすればするほど、あの世にいる愛する人の周りが明るくなります。

仏教では、万が一、地獄に落ちていても、「回向」で徳を積むことで地獄から天界にあがることができるそうです。

お子さんを亡くされたお母さんには、私はよくこの「回向」の話をしてさしあげます。

「私も一緒に死んでしまいたい」と嘆かれるので、「生きて徳を積むことが亡くなられた方も幸せにするんですよ」と伝えると、生きる力を取り戻される方もいらっしゃいます。

自分が楽になるような考え方を採用しながら、「時間薬」が効いてくるのを待つ。一生泣き続ける人はいないのですから、自分の感情のおもむくままに、悲しみ切るのがいいのではないでしょうか。

おわりに

幸せって何かなあ、と思います。

たくさんお金があっても、恵まれた環境にいても、自分が「幸せではない」と思ったら、幸せではありません。

幸せとは自分で自分のことを「幸せだ」と思うこと、つまり自分で自分にＯＫを出すことなのかな、と思います。

自分で自分にＯＫを出す。

簡単そうで、なかなか難しいと思いますよ。なぜって、自分にＯＫを出すには、自分のことをよく知っていないといけませんから。

「自分は本当は何が好きだったのかな？」「自分は本当は何をしたかったのかな？」「本当にそうなのかな？」ということを考える時間が必要です。

私たちは小さいころからずっと「いい子」であるようしつけられてきました。

子どものころは「お母さんがほめてくれるかな？」と親を喜ばせたくて頑張っていました。学校に入ると、今度は先生やクラスメイトがどう思うかを価値基準にしてきました。

大人になってもそうですよね。周りからどう評価されるかが、とても大事。そういう生き方をしているうちに、自分を見ることを忘れてしまったのではないでしょうか。

ですからこの本を読んでくださったみなさんは、一日にほんの5分でいい。ご自分のことを考えて、ご自分をケアする時間を持っていただきたいのです。「本当のあなたはどうしたいの？」「本当は何がしたいの？」「それでいいの？」——考えてすぐわかることではありません。でも、そこにアプローチしていくのが「スピリチュアルケア」だと思います。

この本が、あなたの「スピリチュアルケア」のささやかなきっかけになりますように。

2020年11月

玉置妙憂

〈著者略歴〉
玉置妙憂（たまおき・みょうゆう）
看護師・看護教員・スピリチュアルケア師・僧侶。東京都中野区生まれ。2児の母。専修大学法学部を卒業後、法律事務所勤務を経た後、結婚し専業主婦に。子どもが重度のアレルギーだったことから看護師・看護教員の免許を取得。病院で看護師として働いていたが、夫の“自然死”という死にざまがあまりに美しかったことをきっかけに開眼し出家。高野山真言宗にて修行を積み僧侶に。現在は看護師として都内のクリニックに勤める傍ら、非営利一般社団法人「大慈学苑」を設立し、終末期からひきこもり、不登校、子育て、自死ご遺族まで幅広く対象としたスピリチュアルケア活動を実施。後継の育成にも努める。著書に、『まずは、あなたのコップを満たしましょう』（飛鳥新社）、『死にゆく人の心に寄りそう』（光文社）、『心のザワザワがなくなる 比べない習慣』（日本実業出版社）など多数。

女性が幸せになるためのセルフ・スピリチュアルケア

いい人生を引き寄せる方法

2021年1月7日　第1版第1刷発行

著　者　玉置妙憂
発行者　櫛原吉男
発行所　株式会社ＰＨＰ研究所
京都本部　〒601-8411　京都市南区西九条北ノ内町11
　マネジメント出版部　☎075-681-4437（編集）
東京本部　〒135-8137　江東区豊洲5-6-52
　普及部　☎03-3520-9630（販売）
PHP INTERFACE　https://www.php.co.jp/

制作協力
組　　版　株式会社PHPエディターズ・グループ
印刷所
製本所　図書印刷株式会社

ISBN978-4-569-84809-9